ESPAÑA

A través de los ojos de una mujer afroamericana

Joy E. Glenn

Copyright © 2021 por Joy E. Glenn
Todos los derechos reservados. Ninguna parte de esta publicación podrá ser reproducida, distribuida o compartida en forma alguna o por ningún medio, incluidas fotocopias, grabación u otros métodos electrónicos o mecánicos, sin la autorización previa por escrito de la editorial, excepto breves citas incorporadas en reseñas críticas y algunos otros usos no comerciales permitidos por la ley de derechos de autora.

A todo el pueblo de España con sus cosas buenas y malas, porque sin este país, las experiencias incluidas en este libro no existirían.

Table of Contents

Introducción 5

Joy Esther Glenn 6

Reconocimiento 7

Capítulo 1: ¿Por qué España? 8

Capítulo 2: España a través de los ojos de mis hijos afroamericanos 62

Capítulo 3: Lazos armoniosos 115

Capítulo 4: Lo que amo y odio de España 171

Capítulo 5: Explorando España 206

Capítulo 6: ¿Me quedaría? 237

Capítulo 7: España a través de los ojos de mi cámara 255

Página de contacto 291

Introducción

Mi familia y yo lo hemos pasado muy bien en España. Por ello, me gustaría compartir estas experiencias con el mundo, especialmente con la gente de España. Deseo que los españoles vean su país y su cultura a través de mis ojos, mis palabras y mis historias.

Joy Esther Glenn

Joy E. Glenn es del sur de Florida, EE. UU. y veterana de la Fuerza Aérea de los Estados Unidos desde hace 7 años. Lleva casada 14 años y junto a su marido tuvieron tres hermosos hijos. Los viajes de su vida pasada y presente la han transformado en una Reina espiritual, segura, poderosa y humilde.

Con un título de asociada en gestión de logística, Joy se ha desplegado dos veces, ha vivido en 4 países diferentes y ha obtenido múltiples premios y medallas a lo largo de su carrera militar. Gracias a estos logros, Joy pudo viajar por el mundo y canalizar no sólo sus habilidades de liderazgo sino también sus habilidades literarias. Al tener conocimiento de diferentes culturas, Joy comenzó a escribir cuentos y poesía. Haciendo honor a esta habilidad y este pasatiempo, en 2018 decidió escribir su primer libro.

RECONOCIMIENTO

Debido al estado actual del mundo, necesitamos compartir el amor y la luz de Dios. Habiendo dicho esto, me gustaría ante todo dar gracias a Dios Todopoderoso y a su hijo Jesucristo por bendecirme con una vida y un propósito. En segundo lugar, a mi asombroso rey terrenal, Amos, que me ha apoyado en cada paso del viaje de este libro. A mis extraordinarios hijos Amari, Aaron y Abigail por su dulce amor y apoyo que me dan fuerza. A mi poderosa hermana, Zipporah, cuya experiencia y don de palabra me han ayudado enormemente a escribir este libro. Por último, pero no menos importante, gracias a TODAS las personas de España que nos han acogido y nos han ayudado a vivir esta maravillosa experiencia.

Capítulo 1:

¿Por qué España?

No recuerdo que España fuera un país en el que yo imaginara el futuro de mi familia, sin embargo, Dios vio nuestro porvenir y eligió España para nosotros. Aún recuerdo, después de mucho tiempo de evidenciar y sufrir el racismo en los Estados Unidos, y las dificultades que la mayoría atraviesa por querer vivir una vida tranquila y en paz, cómo de repente me vi en la imperiosa necesidad de solicitar los pasaportes de mis hijos y el mío. Mi hija menor, Abigail, había nacido hacía apenas ocho semanas; Aaron, mi hijo menor, tenía dos años y medio; y Amari, mi hijo mayor, tenía solo seis años. Mi instinto maternal me decía que debíamos salir de nuestra zona de confort, por lo que empecé a visualizarme en otra tierra distinta a la que nos vio crecer.

Amos, mi marido, había dejado de servir en la Fuerza Aérea de los Estados Unidos, al igual que yo. Ambos estábamos de acuerdo en que queríamos vivir en el extranjero, como lo habíamos hecho en el pasado durante nuestras carreras militares. Sin embargo, esta vez vivir en el extranjero sería muy diferente porque ahora podríamos quitarnos el uniforme, curarnos del dolor de estar constantemente separados debido a nuestros deberes militares y, lo más importante, continuar ampliando las mentes y los horizontes de nuestros tres hijos pequeños juntos. Mi cabeza no dejaba de pensar en esa idea, y sentía una sensación de gratitud y emoción.

Antes de mudarnos a España, mi familia y yo vivíamos en Navarre, al noreste de Florida, en los Estados Unidos. Nos gustó que la vida allá fuera más barata y que estuviéramos cerca del mar; sin embargo, esta zona como muchas otras en el norte de Florida, carecía de diversidad cultural y era una zona un tanto racista. Deseábamos más, y sabíamos que lo que buscamos estaba a nuestro alcance.

Un día Amos llegó a casa desde Atlanta, Georgia, donde había recibido un entrenamiento gracias a sus logros militares. Pero el problema al que nos enfrentábamos de nuevo era la separación constante de nuestra familia. Amos pasaba muchísimas horas o días fuera, mientras yo me quedaba en casa cuidando de los niños. Esto generaba bastante tensión en nuestro vínculo familiar, y obstaculizaba nuestro crecimiento espiritual, pues tanto mis hijos como yo, necesitábamos que Amos estuviera junto a nosotros. No queríamos estar separados si no era totalmente necesario para nuestra supervivencia. Me di cuenta de que Amos disfrutaba mucho de su trabajo en Atlanta, pero que gozaba más estando en el hogar. Quería un trabajo permanente para no alejarse más de nosotros. Yo, después de luchar contra mi depresión durante muchos años, viéndome como una madre ama de casa, que vivió dos embarazos sin su marido, y en lugares sin ningún familiar cercano, sabía que ésta no era la manera de crecer como familia. Ambos decidimos que lo mejor sería encontrar un trabajo en el extranjero que nos mantuviera juntos. Amos se ocupo de buscar mientras comenzamos nuestras oraciones. En los meses siguientes, Amos fue contratado por una compañía estadounidense. Amos cumplía con todos los requisitos y calificaciones, y sabíamos que éste era el puesto idóneo para él. Al saber que el trabajo era en España, me emocioné bastante y me preparé mentalmente para esta nueva aventura, porque mi fe era como una semilla de mostaza y mi fuerza de voluntad más fuerte que un toro.

Conforme el tiempo pasaba, y nos íbamos haciendo a la idea y preparándonos mental, física y espiritualmente, mis hijos y yo empezamos a tomar clases de español; busqué escuelas e investigué sobre el costo de vida allá, además de otras cosas. Todo parecía magnífico, y yo estaba más que lista para aventurarme en este nuevo viaje con mi familia. Podía ver el futuro de mis hijos, y a Amos y a mí hablando español con fluidez; me imaginaba nadando en las playas del sur de España, pero lo más importante, nos visualicé con una nueva vida, con una nueva rutina. Así que, cuando me preguntan «¿Por qué elegí España?», mi respuesta es siempre la misma, nosotros no elegimos España, España nos eligió a nosotros los Glenns, del Norte de Florida, nos levantaríamos como una tribu sabiendo que hemos logrado este cambio juntos.

Un elemento especial de nuestra aventura a España fue que Zipporah, unas de mis hermanas mayores, se nos uniera trayendo consigo a mi sobrina D'iona. Todavía recuerdo el día en que todos discutíamos los diferentes aspectos de España y cómo nos beneficiaría dejar Estados Unidos para vivir aquí, en otro país. Dudaba sobre si Zipporah se vendría con nosotros, pero tenía fe en que Dios la ayudaría a tomar la decisión más correcta. Sabía que era la voluntad de Dios, que aceptase y se nos uniera una vez finalizado su actual contrato, un mes después de nuestra partida.

A D'iona le entusiasmaba la idea de vivir en el extranjero, y sabía que lo necesitaba para sanarse. Pensé que necesitaba estar cerca de sus primos y establecer un vínculo con Amos. Debo confesar que me preocupaba la relación que tendría con los niños, ya que D'iona era como mi hija, así que la preocupación fue pasajera. Sentí que estaba lista, pues era prácticamente de nuestra familia. Zipporah y yo hablábamos cada semana, mientras nos preparábamos para partir a España. Ella vivía en Margate, al sur de Florida, y sé que disfrutó de su casa, pero también anhelaba tanto como yo experimentar algo nuevo. Puedo recordar los tiempos en que Zipporah estuvo a mi lado, cuando discutía con Amos porque tenía que vivir en otro lado debido a su trabajo. Nos visitábamos entre el norte y el sur de Florida, y la relación que teníamos como adultas hizo que nos acompañara en esta etapa. Necesitaba a mi hermana, y ella a mí. Tanto mi familia inmediata, como la familia de mi marido, son muy importantes en mi vida y parte de mi crecimiento como persona. Todos desempeñan un papel fundamental en nuestra unión familiar. Sabíamos que los echaríamos mucho de menos, y ellos a nosotros. Sin embargo, todos necesitábamos este cambio, y estábamos agradecidos por ello.

Agosto llegó muy rápido, casi como Usain Bolt. No podía creérmelo, mientras miraba nuestra casa en Navarre, Florida, mi mente se inundaba con una cierta melancolía agridulce con todos los recuerdos de lo que habíamos vivido en ella; nuestro hogar, nuestra familia, todo lo que habíamos pasado en ese lugar ahora pertenecía al pasado. Pasados unos minutos, podía ver nuestros instrumentos empaquetados en la esquina, ahora guardados en el camión de mudanzas. Podía oírnos cantar juntos, reír y jugar en esta misma casa. De repente, mi mente se iluminó con los recuerdos y experiencias que tendríamos en España. Dejé de rememorar, aparté mis pensamientos y escribí a Amos para decirle que pasaría un tiempo en Margate, Florida, para estar con mis hermanas Zipporah y Keturah, la madre de D'iona. Cerré la puerta y fue como entrar en otra dimensión; me vi llegando a España, "mi nuevo hogar".

Llegar a España

Llegamos a Sevilla el 23 de agosto de 2018. Amos llegó a España un mes antes para familiarizarse con la zona y para establecerse en su nuevo trabajo como supervisor de carga en la base aérea de Morón, que estaba cerca de donde viviríamos, Utrera.

Dejar Florida y llegar a España fue definitivamente una tarea complicada con tres niños pequeños; mi ansiedad estuvo al máximo durante todo este proceso. Sin embargo, cuando llegué al aeropuerto de Sevilla, sentí que una ráfaga de paz entró en mi espíritu y escuché los gritos de entusiasmo de mis hijos por la alegría y felicidad de estar aquí.

Amos nos recogió en el aeropuerto. Ya tenía una monovolumen para siete pasajeros, y había alquilado una casa en una bonita barriada para asegurar que nuestra estancia fuera de lo mejor. Todos subimos al monovolumen, los niños se abrocharon los cinturones y estaban listos para llegar a nuestra nueva casa.

A medida que el sol brillaba a través de los cristales de nuestro vehículo, se iluminaba mi rostro, empecé a profundizar en mis pensamientos mientras las ideas fluían en mi cabeza. Después de unos treinta minutos, que parecían menos de veinte, la voz de Amos interrumpió mi sueño despierto y dijo con entusiasmo y calma: ¡Llegamos a Utrera, familia!

Todos respondimos con asombro y espontaneidad, a la vez que aplaudíamos con gratitud y bailábamos en nuestros asientos la música que sonaba de fondo.

Antes de la mudanza, recuerdo la información que reuní sobre el lugar donde viviríamos. Utrera es un pueblo rural localizado en la provincia de Sevilla, en la región sur de España llamada Andalucía, una región única, rodeada de hermosas playas, colinas, ríos y tierras de cultivo que circundan la costa sur de España. Su capital es Sevilla, y tiene una población de alrededor de un millón de habitantes.

Estaba contenta, feliz de mudarme al sur de otro país y de estar cerca del sol y el agua. Mis ojos analizaban el paisaje a través de la ventana. De repente observé a un hombre de mediana edad rellenito sentado sobre un cubo, detrás de una pequeña mesa con fruta fresca de temporada, asumí que era de su propio huerto. Por un segundo, ambos nos miramos y antes de darme cuenta, este hombre me sonrió y mis manos se levantaron rápidamente para saludarlo con emoción. Su sonrisa era genuina, y me devolvió el saludo. Interpreté su gesto como una bienvenida a la ciudad. ¡No podía creer que por fin habíamos llegado a España! Los pensamientos continuaron inundando mi mente mientras conducíamos a través de la ciudad, y mi memoria viajó en el tiempo dos meses atrás, cuando Amos nos contó que había sido contratado aquí. Pensé de nuevo en nuestras peleas y en cómo superamos cada obstáculo con amor, fe y perseverancia. Nuestros hijos también eran guerreros y lucharon sus propias guerras en el pasado, sin embargo, salieron victoriosos de cada una de ellas. Mi corazón me decía que esta era nuestra recompensa, y que nos aguardaba un futuro prometedor.

Aún recuerdo esa llamada telefónica de Amos, pues mi mente pasó rápidamente por los recuerdos, pero también estaba disfrutando de la peculiar arquitectura y el paisaje único de Utrera. Amos me llamó desde Georgia donde vivía y recibía entrenamiento para su trabajo, mientras yo, como dije anteriormente, estaba con los niños en el norte de Florida. Mi teléfono móvil sonó en repetidas ocasiones antes de que pudiera contestar; corrí por el comedor y esquivé los juguetes en el suelo. Mi instinto me dijo que era Amos, me apresuré, pues no me gustaba perder sus llamadas.

Respondí con entusiasmo y en un tono tonto: "Hola, mi amor".

Los dos nos reímos, y antes de que pudiera preguntar sobre su día, Amos dijo, "¿Adivina qué?", con voz burlona.

"¿Qué?". Respondí ansiosamente.

"Tengo una oferta de trabajo para ocupar un puesto en mi campo profesional". "¡Es en España, y vosotros podéis venir conmigo!".

"¿Qué dices? ¡Ésta es la respuesta a nuestras oraciones!". Exclamé al saltar desde el sofá.

Mi corazón latió más rápido de lo que mis ojos podían parpadear, y sabía que Dios estaba moviendo piezas en nuestras vidas.

De repente, el coche se detuvo y mis pensamientos también. Amos estacionó el monovolumen, sacó nuestro equipaje de la parte trasera y comenzó a caminar mientras lo seguíamos con asombro. Al otro lado de la calle había una piscina grande y hermosa. Amos nos explicó que era una piscina comunitaria, y que todos en el vecindario tenían acceso a ella. La piscina era grande y había un bar adjunto y una cafetería donde los adultos podían beber o comer mientras observaban a sus hijos nadar. Luego caminamos una corta distancia hacia una casa de dos plantas, grande y con una puerta blanca. La casa parecía algo anticuada, pero a su vez bonita, elegante y muy distinta a las casas de nuestro país.

Amos nos mostró la casa, para después instalarnos. Los niños y yo estábamos muy emocionados, pero también cansados, lo que ahora queríamos era relajarnos y comer algo en familia. Mirándolos y echando un vistazo a la sonrisa de mi marido, pude notar en su semblante, que sentía tranquilidad de que estuviéramos con él. Estaba segura de que esta experiencia en España sería increíble y creo que los niños también lo sentían.

Se decía que agosto era uno de los meses más calurosos en este país, y era verdad. Sudaba sólo de ver a mis hijos jugar. Sin embargo, también disfruté los veranos en los Estados Unidos y ahora tocaba en España. El verano fue la estación perfecta para llegar a este país, y mis hijos y yo íbamos a la piscina casi todos los días antes de que empezara la escuela. Mi marido, mi hermana y yo estábamos emocionados de armar un plan para visitar las islas, parques acuáticos, playas, museos y cuanta ciudad se nos viniera a la mente.

El primer mes en Utrera fue un poco difícil, no sólo para mis hijos y para mí, sino también para mi marido. Comenzó a trabajar sin conocer mucho a su jefe, el cual carecía de liderazgo, así como del respeto de sus empleados españoles. Muchos trabajadores en España no toleran el maltrato de los empleados. Por ese motivo, algunos de los miembros del equipo de Amos se frustraron con el jefe y la moral se fue a pique. Esto produjo un ambiente laboral tóxico. Rara vez, durante el primer año, vi a mi marido entrar en la casa con una sonrisa de gratitud por estar aquí en España, pero su espíritu ya estaba siendo probado. Sin embargo, mi marido, que era un profesional, con motivación y ambición, se despertaba cada mañana y daba lo mejor de sí mismo. Como mujer luchadora que soy, me hubiera gustado regañar a su jefe y a sus compañeros, y explicarles que podrían estar agradecidos de tener un puesto de trabajo.

En el poco tiempo que he estado aquí, he descubierto que la mano de obra altamente cualificada no está tan obsesionada con el trabajo como se piensa en Estados Unidos. Amos nunca se quejó y los niños siempre se alegraban de verlo regresar a casa, una rutina con la que estábamos agradecidos, ya que su trabajo en el ejército impedía que pasara muchos momentos importantes con nosotros.

Mi interpretación de lo que sucedía es esta: Algunos días, Amos tendría que hacer el trabajo de cinco personas y muchas veces incluso solo; o con uno o dos compañeros. Lo gracioso es que los españoles cuentan con un sistema llamado «darse de baja», un subsidio por incapacidad temporal. No se compara con ninguno de los programas estadounidenses de desempleo y compensación. En esencia, si un trabajador se lesiona mental, física o psicológicamente, entonces podría solicitar un tiempo pagado, incluso a largo plazo. Por desgracia, era muy fácil aprovecharse de este sistema en España, ya que los trabajadores podían ausentarse del trabajo durante varios meses sin repercusiones. Aunque estos hombres pueden o no haber estado abusando de este sistema, yo creía que mi marido no se acostumbraba a este nuevo modo de vida, muy diferente al de los Estados Unidos. Sentí que algunos de los trabajadores aún no conocían a Amos, y que posiblemente carecían de una relación decente con el jefe y el anterior supervisor.

Conforme pasaba el tiempo, la tensión disminuía y los obreros se calmaron mientras la situación era más laxa para Amos. Agradezco ser la compañera de un rey humilde, y me enorgullece lo que hace. Creo que muchos de sus compañeros de trabajo comenzaron a apreciar su ética, así como a respetar su autoridad una vez que lo conocieron. Y él defendió el respeto y la equidad para todos.

Vivir en un pueblo pequeño que no tiene gran diversidad puede ser incómodo a veces. Recuerdo que sentía la misma incomodidad cuando vivía en Turquía y Dakota del norte. Lo más incómodo eran las miradas. A veces sentía que mis hijos y yo vivíamos como en una caja transparente, expuestos a la mirada de todos. Cuando íbamos a la piscina, la gente nos observaba. Cuando íbamos de compras a la ciudad, las personas también nos observaban. Esto era lo que menos me gustaba de nuestro cambio de vida, sólo debía acostumbrarme.

Muchas de estas personas no están familiarizadas con la diversidad o con lo diferente; así que nuestra presencia en su ciudad les sorprendía a unos y a otros los asustaba, y a la mayoría les intrigó.

Los primeros meses me sentí sola, Amos trabajaba todo el día y mi hermana aún no había llegado. Como no hablaba español y tenía una personalidad fuerte, supe que me costaría hacer amigos. Sin embargo, era positiva, estaba en paz y era muy feliz de vivir en España. Por lo tanto, me relacioné rápido y me sentía más acogida cada día. La rutina de mis hijos y la mía, de ir a la piscina y a la tienda a diario, continuó durante semanas hasta que conocí a mi primera amiga, Cristina Molina Amador. Cristina trabajaba en la piscina local como socorrista, y puedo afirmar que el destino nos unió por el amor que sentía por Abi. Cristina se presentó como Tina y eso me hizo pensar en casa y cómo era muy normal acortar nuestros nombres o dar apodos. Tina fue la primera persona que me habló en España, y por eso le estaré siempre agradecida. La primera vez que hablé con ella, me dijo que tenía la certificación del nivel B2 de inglés, la cual equivale al nivel intermedio del idioma en el Marco Europeo de Referencia de las Lenguas. Cualquiera con este nivel podría considerarse como un angloparlante seguro. Además de contarme eso también me ofreció su guía y su ayuda, para cuando mis hijos o yo la necesitáramos. En mi bolso guardé el papel donde había escrito su nombre y número. Aunque tardé unas semanas en comunicarme con ella, no dudé en hacerle saber que mi familia y yo estábamos interesados en su oferta de ayudarnos con nuestro aprendizaje del español. Ella estaba encantada con la idea de brindarnos su apoyo. Comenzó a venir a nuestra casa dos veces por semana durante una o dos horas. Las lecciones empezaron conmigo, me enseñaba las frases más comunes y me pedía que las memorizara, lo cual era sencillo. Finalmente, encontré otras vías para aprender el idioma, y dejé que Tina se ocupara de mi hija Abi. A partir de entonces, entre las dos floreció una bonita amistad. A pesar de que Tina tenía veinte años, sentía que Abi la veía como su igual. Su conexión era casi cómica, porque muchas veces cuando Tina intentaba darle una lección, Abi insistía en jugar con ella en vez de aprender. Sin embargo, al cabo de un año, las lecciones surtieron efecto. Después de seis u ocho meses de que iniciaron las clases, Abi comenzó a hablar español con fluidez. Incluso desarrolló un acento «andaluz». La manera en la que se dirigía hacia nosotros era adorable y correcta. Mi corazón me decía que Abi estaba lista para ir a la escuela, y me entusiasmaba saber que sus primeros años escolares serían en otro país. Eso mismo sentí con Aaron. Estaba preocupada porque mi bebé tendría que ir a la escuela, y a veces me preguntaba si debía educarlo en casa yo misma o no. ¡Pero Amos estuvo explicándome que Aaron sí estaba preparado para ir a la escuela y entonces Dios me mando la confirmación a mis dudas! Ese mismo día el colegio de los Salesianos nos llamó diciendo que había una plaza para él. Nunca pensé que Aaron asistiría a la escuela aquí, en Utrera.

Amos y yo teníamos grandes esperanzas en Amari, nuestro hijo mayor. El asistiría a tercer curso, pero no sabía exactamente a qué escuela hasta que conocí a los dueños de nuestra nueva casa. Eran una buena pareja y nos ayudaron con algunas cosas pues todavía nos estábamos acostumbrando a nuestra nueva vida. La esposa, que era profesora, me hablo de la escuela en la que ella enseñaba, Salesianos. Se ofreció a mostrármela y me explicó qué podíamos hacer para solicitar una plaza para Amari. Mientras caminábamos por las aceras de ladrillos rojos y grises, pude sentir mi mente a la deriva, siendo cautivada por la belleza de este pueblo.

La información de la dueña de la casa rápidamente me hizo dudar de nuevo cuando me explicó el sistema escolar de España.

"Verás, hay tres tipos diferentes de escuelas aquí en España: 1) escuelas públicas: administradas y financiadas por el gobierno, 2) escuelas privadas: fundadas, financiadas y gobernadas por sectores u organizaciones privadas, y 3) escuelas concertadas, fundadas por el sector privado o congragaciones religiosas y financiadas por el estado. Pero también son subvencionadas por el gobierno. Algunas escuelas concertadas son religiosas, y otras no.

La escuela de los salesianos es religiosa concertada. Es una buena opción, tanto interna como externamente. Mi única preocupación era que mi hijo fuera a una escuela católica siendo cristiano evangélico. Sin embargo, esta escuela era conocida particularmente por su educación prestigiosa, sus métodos de enseñanza, organización, diversidad, participación de la familia y su excelente personal. Durante el recorrido, lo que más me llamó la atención fue que los niños aprendían diferentes idiomas desde los tres años, edad con la que se permite que los niños asistan a la escuela. Me extrañó mucho saber que mi hija Abi, con solo dos años, podía asistir a la escuela cuando tuviera tres, ya que en los Estados Unidos se les permite asistir a la escuela a partir de los cuatro años. Me preguntaba cómo reaccionaría Abi a esto.

Al final del recorrido, después de conocer al personal, sentí que esta escuela era la indicada para la educación de mis hijos. Me sorprendí cuando me dijeron que no sólo había un lugar en tercero para mi hija Abi, sino también otro para Aaron. Mi corazón comenzó a latir de ansiedad, pero muy emocionada, mientras pensaba que Aaron asistiría a esta escuela. Mi miedo y ansiedad desaparecieron de repente cuando hablé de esta oportunidad con Amos. Su espíritu tranquilo y la seguridad en sí mismo, llenaron mi corazón de confianza, y me alegraba saber que no sólo Amari iría a esta escuela, sino también mi bebé, Aaron. Dos de nuestros hijos se preparaban para la escuela. Amos y yo después nos encargamos de comprar los uniformes, los materiales escolares y todo lo que necesitaban para empezar. Rápidamente reuní la documentación, recibí la aceptación, y supe que había muchos profesores que hablaban inglés. Esto era común en las escuelas de España. Me sentí muy complacida por el proceso, y por el hecho de que hubieran aceptado a dos niños negros americanos en la escuela. Mis hijos no solo estaban ampliando la diversidad de esta escuela, sino que también eran hablantes nativos de inglés y las autoridades académicas sabían que mis hijos serían una ventaja para ellos y ellos una ventaja para mis hijos, ya que rápidamente aprenderían a hablar español con fluidez.

Era septiembre y el clima en esa época en el sur de España es increíble. A diferencia de los Estados Unidos, las escuelas empiezan las clases en septiembre y no a finales de agosto cuando el calor es más fuerte. Lo recuerdo como si fuese ayer: el primer día de escuela de mis dos chicos en España en una de las mejores escuelas de la región; Colegio Salesianos Nuestra Señora del Carmen es el nombre completo. Estaba emocionada pero nerviosa. Sólo imaginaba lo que sentirían mis hijos en su primer día de clases. Ambos se despertaron temprano esa mañana, estaban listos para ponerse sus nuevos uniformes azul marino y rojo, acompañados con un par de bonitos zapatos de vestir negros. El precio de los uniformes era alto, pero nos gustaba la idea de que fuera obligado su uso, incluso en los días que practicaban deportes. Guardé sus desayunos, pero no dejaba de sentirme inquieta por su primer día de clases. Caminábamos todos juntos y yo les recordaba cómo llegar a la escuela, junto a nosotros también iban otros niños que se dirigían al colegio. Yo estaba intranquila porque Amari había sido criado la mayor parte de su vida en casa. Pero el que más me inquietaba era Aaron, tan simple pero tan complejo a la vez.

Mi mayor miedo era que Aaron no fuera capaz de adaptarse al cambio de escuela, a la rutina de estar cerca de diferentes niños todos los días, y estar lejos de mamá y papá. Además, mi temor por Amari era que fuese demasiado sensible para aprender debido a la barrera del lenguaje, que no hiciera amigos lo suficientemente rápido, o que no se sintiera cómodo con el cambio. ¡Estaba en un error, gracias a Dios! Amari amaba la escuela y estaba muy emocionado, y Aaron no sólo se adaptó, sino que creció socialmente más allá de mis expectativas.

Mientras atravesábamos las enormes puertas dobles de madera y metal, sentí como si estuviéramos en una película de Harry Potter. La escuela era muy tradicional, y la religión católica se exhibía en toda la arquitectura y diseño, así como la historia de la escuela y la iglesia. Subimos las escaleras y al instante fuimos recibidos por un profesor a quien se dirigirían como Don Carlos. Él trabajaba estrechamente con el secretario de la escuela, el director, el jefe de estudios y la orientadora escolar para ayudar a mis hijos. Él es un maestro para los niños con necesidades especiales. Sin embargo, a veces actúa y ayuda con el trabajo administrativo debido a sus habilidades multilingües. Don Carlos domina a la perfección el español, el inglés y francés. Es un hombre de mediana edad, guapo, inteligente y encantador. Él ama a todos los niños y es tiene un gran dedicación a su trabajo, así como la mayoría del personal del colegio. Ha estado a nuestro lado desde el día que conocí la escuela, y no ha dudado en ayudarnos con la traducción. Era muy paciente y siempre estaba dispuesto a ayudar de cualquier manera posible. Es otro español que estaba ansioso y emocionado por volver a familiarizarse con el idioma inglés, y por eso estaba más que agradecida. Finalmente, dejamos a Amari, de ocho años, muy entusiasmado, en su lugar designado, le dimos un beso de despedida y salió corriendo.

Luego llegó el momento de despedirnos de Aaron. Mientras Amos, Don Carlos y yo caminábamos por el amplio pasillo de la zona de primaria, sentía como si el tiempo se hubiera ralentizado y los siguientes tres minutos pasaran a cámara lenta. Todo mi recorrido por el pasillo, sentí como si mis pies estuvieran hechos de cemento. Sentí mi corazón latir con prisa mientras observaba lo que parecía ser toda la línea de maestros de primaria de pie frente a las puertas de sus clases. Mirándonos a la expectativa, preguntándose: "¿Estará este negrito estadounidense en mi clase?" Parecíamos haber pasado entre cuatro y cinco aulas sintiendo que el tiempo seguía disminuyendo. Al mirar los ojos de cada maestro, me di cuenta de que todos eran atractivos, bien vestidos y compartían mi incertidumbre de quién sería el maestro de mi hijo Aaron. Al llegar al final del pasillo, mis ojos se posaron sobre una maestra en particular. Era joven, pequeña y tenía una postura ligeramente encorvada. Su espíritu parecía extremadamente tranquilo y me inspiraba confianza. Nuestros ojos se encontraron y mi espíritu se relajó. Fue entonces cuando me invadió la sensación de tranquilidad, el tiempo comenzó a volver a la realidad y pude escuchar que Don Carlos nos presentaba a la nueva maestra de Aaron, Celia Revarro Gutiérrez. Esbozó una sonrisa forzada pero reconfortante. Parecía como si hubiera sido informada previamente sobre las condiciones de Aaron y estaba dispuesta a aceptar el reto. Verás, Aaron fue diagnosticado con autismo de nivel 1 en Estados Unidos, pero aquí en España es considerado esencialmente normal. Sin embargo, el hecho es que Aaron es diferente, pero también único, resistente, fuerte y ambicioso. Don Carlos le sonrió a Celia y ella a él. Entró en el aula, listo para embarcarse en su nuevo viaje escolar. A medida que pasaba el tiempo y Aaron se integraba muy bien a su nueva rutina, yo atribuiría el 40 por ciento de su progreso a su profesora Celia. Espero ver cómo todos mis hijos tienen éxito el siguiente año, pero puedo decir con orgullo que este año estoy disfrutando mucho viendo a mis hijos desarrollar su personalidad, encontrar sus talentos y descubrir el mundo aquí en España. No podría haber imaginado una experiencia mejor para ellos, especialmente para mi primogénito, Amari. Puedo decir francamente que a veces me encuentro imaginando que soy una niña de ocho años que vive en España, cuestionándome cómo sería la experiencia para mí y qué se sentiría al vivir esta vida. Amari es muy inteligente, divertido, extrovertido y siempre ha sido un niño feliz. Sentí como si me quitaran un peso de encima cuando escuché cómo le había ido en su primer día. Me contó de los muchos amigos que había hecho, y de cuánto quería a su maestro, Don Manuel. Amari nos habló bastante sobre su profesor y sus compañeros de clase. Cuando conocí a Don Manuel, recuerdo que pensé que era muy joven y con mucho entusiasmo. Amari se jactó de tener el mejor maestro de la escuela, pues Don Manuel era divertido, elegante, inteligente, carismático, y un maestro impresionante. Conforme avanzaba el año, también llegué a apreciar a Don Manuel. Observé que su inglés era limitado, pero me di cuenta de que entendía el idioma mejor de lo que podía hablarlo, lo que nos ayudó a comunicarnos mejor que con los otros profesores. Me encantaba el estilo joven de Don Manuel. Él tiene una esposa hermosa, y estaba embarazada de seis meses cuando Amari comenzó la escuela, ahora tienen un bebé de dos años. ¡Es increíble cómo pasa el tiempo! Don Manuel fue el primer gran maestro de Amari, porque era amable y paciente con él. Le fascinaba la música y el baile, y era un experto en redes sociales, eso era todo lo que Amari admiraba de su profesor. Incluso tiene un canal de YouTube en el que ayuda a enseñar y explicar algunas de sus tareas escolares; eso fue muy útil para todos los padres, no sólo para Amari y sus compañeros de clase. Amari y Aaron se integraron en el colegio y eso nos dio una tremenda confirmación a Amos y a mí de que tomamos la decisión correcta para nuestra familia.

Sin embargo, esto no sólo funcionó para mi familia, sino que Zipporah y D'iona se embarcaron en este viaje con nosotros también. Aunque Zipporah es mi hermana mayor, puedo decir que muchas personas pensaron que era más joven que yo, basándose en nuestros estilos de vida. Zipporah es una conocida poeta en nuestro estado natal, Florida. Cuenta con una licencia en cosmetología y también es veterana como Amos y yo. Su piel es de un hermoso tono marrón oscuro, como el cacao maduro. A ella le gusta la gente y las fiestas; es un ser espiritual atrapado en un pequeño cuerpo tonificado. Le gustan las mujeres, y no le avergüenza admitirlo. Su belleza y presencia únicas llaman la atención de quienes la ven. Cuando entra en una habitación es el centro de atención. Reunía todas las cualidades para integrarse en la sociedad española. Disfrutaba de que mi hermana me acompañara a todos lados, pues es una persona sumamente sociable. Estaba orgullosa de tener una hermana mayor con esa personalidad, fuerte y hermosa, que siempre está ahí para mí cuando la necesito. Zipporah no tiene hijos, por lo tanto, ella desempeñó el papel de "tía guay" para los niños y todos atesoraron su presencia aquí. Ella siempre ha sido un espíritu libre, y yo creí que esta aventura en España era algo que ella necesitaba y quería. Recuerdo nuestras conversaciones sobre dejar América y probar algo diferente. No me ilusioné con la idea de que viniera con nosotros, pues no sabía si en algún momento cambiaría de opinión. Algo típico en ella. Pero vendió la mayoría de sus cosas, empacó su vida y la de D'iona en sólo ocho cajas, las envió a nuestra dirección y dejó Estados Unidos.

¡Estaba tan emocionada por recoger a mi hermana y a mi sobrina en el aeropuerto de Sevilla el día que llegaron! Fue una tarde fresca pero soleada cuando Amos, los niños y yo fuimos a por ellas. Quería abrazarlas con todas mis fuerzas y contarles todo lo que había en este lugar. No sólo estaba contenta por mi nueva vida y compartirla con mis dos mejores amigos, Amos y mi hermana, sino que también estaba muy agradecida porque Zipporah había traído a mi sobrina, D'iona. D'iona tenía diez años cuando llegaron por primera vez a España. Ella es muy tímida con la mayoría de la gente hasta que coge confianza. Es observadora, sabia, dulce, muy sensible y amorosa. Estaba muy entusiasmada y agradecida de estar en España con nosotros, pero la ausencia de su madre, Keturah, le dejó un vacío en el corazón que simplemente no podíamos llenar. Por esa razón, la felicidad y la gratitud de D'iona fueron limitados. Sin embargo, Zipporah y yo éramos optimistas, y estábamos listas para ser su apoyo emocional. D'iona requería más atención y pensamos que podía aprender mucho a través de esta experiencia no sólo en España, sino en nuestra familia con tres niños más pequeños que ella. D'iona era la hija mayor ahora, y esto le dio más responsabilidad, un sentido de unidad familiar y la oportunidad de pasar más tiempo con un hombre al que no sólo podía ver como su tío, sino como su padre. Ella se convirtió en mi pequeña ayudante, y el verano previo a vivir en España había sido como mi hija; por lo tanto, sabía que todos seguiríamos llevándonos bien, y su sanación comenzaría aquí con nosotros.

De regreso a casa, pude escuchar la emoción de D'iona, que hablaba con Amari de su futuro en España. Los niños estaban felices de mostrar a la tía Zipporah y a su prima su nuevo hogar. En casa habíamos acondicionado un espacio cómodo y acogedor para ellas, el cual quería mostrarles. La casa tenía tres dormitorios y dos baños; por lo tanto, Zipporah se quedó en el tercer dormitorio, D'iona se quedó en la habitación con los dos niños, y Abi con Amos y conmigo. Todos estábamos cómodos, esto era temporal. Zipporah quería encontrar un lugar para ella, y yo estaba encantada de ayudarla. Hasta entonces, todos estaríamos juntos como una tribu.

Todos los días dejábamos a los niños en la escuela, jugábamos con las chicas y paseábamos por el barrio. Creo que los primeros meses fueron un poco difíciles para Zipporah, ya que este lugar carecía de diversidad. Pero le aseguré que nosotros éramos la diversidad y que había otras etnias, de la base aérea, África y de otros países circundantes. El mismo día que llegó Zipporah, comprobó lo que le había dicho. Esa noche, después de la escuela, Zipporah y yo caminábamos hacia un parque con los niños, mi amiga Vanessa y sus hijos. En nuestro trayecto conocimos a una hermosa madre africana llamada Fatou. Cuando vimos a Fatou, nuestros espíritus se conectaron al instante, y ambos sabíamos que sería nuestra nueva amiga. Fatou era una hermosa reina Nubia de Senegal. Era genial, y teníamos mucho en común. Me impresionó mucho porque hablaba con fluidez cuatro idiomas, incluyendo francés, inglés, español y su lengua materna, que es «Wolof». Tenía dos niños pequeños que también hablaban español, inglés y francés. Adama, su hijo menor, era adorable. Su mirada era profunda, y su cara era como la de un muñeco. Al principio era muy tímido, pero una vez que se sentía cómodo, se relajaba, era dulce y juguetón. Él y Abi jugaban muy bien juntos cada vez que nos reuníamos. A medida que Zipporah, Vanessa, Fatou y yo quedábamos, mi atención se dirigía hacia la interacción que había entre Amari, la hija de Fatou y su hijo mayor, Fama. Esta pequeña chica de color marrón oscuro era bellísima, lista y muy enérgica. Ella era valiente y multilingüe. Le gustaba jugar fútbol y bailar como a Amari. Mientras observaba a los niños, me fije en Fama. Podría decir que Amari estaba feliz de conocer a otra niña como él, y estaba ansioso por hablar y jugar con ella.

"¿Tu nombre es...?". Preguntó Amari.

"Fama", respondió ella.

Amari les hizo un gesto para que jugaran juntos y, para mi asombro, Fama accedió. Ambos corrieron al parque; todo lo que podía sentir era profundo orgullo. Mi hijo estaba aprendiendo español muy rápido y tenía confianza al hablar, algo que me faltaba a mi cuando tenía su edad. La vio morena como él y aun así se acercó a ella en español, asumiendo que también hablaría la lengua nativa de España, "!!Qué listooo!!", pensé en voz alta.

Cuando regresé a la conversación, Fatou estaba contando que su marido volvería pronto a casa de un trabajo que había encontrado en otro país. Según he podido observar no era fácil encontrar trabajo en Andalucía incluso para los españoles, mucho menos para los extranjeros y que por lo tanto había muchas mujeres y hombres en paro, y cuando encontraban un empleo era en otra ciudad. Era común en estas pequeñas ciudades que muchas de las madres se quedaran en casa con los hijos mientras los padres trabajaban. Debido a la falta de empleo en el sur, muchas personas se vieron obligadas a desplazarse a otros pueblos, ciudades o incluso países para encontrar una fuente ingresos. Esto fue algo con lo que Fatou y su marido se tuvieron que enfrentar. Sin embargo, sabía que esto cambiaría para su familia. A pesar de las ideas negativas que muchos españoles tenían de los nativos africanos, mi familia y yo sabíamos que muchos carecían de conocimiento no sólo de ellos, sino también de los negros americanos. Nosotros, como humanos, queremos buscar los mejor, y nos esforzamos por una vida digna. A veces esa vida está en un país distinto al nuestro. Aunque he de decir que la familia de Fatou se adaptó a España lo mejor posible.

Me acuerdo cuando conocimos a Samba, su marido, por video llamada. Era parecido a su esposa, Fatou. Era elegante, cortés, inteligente y siempre estaba dispuesto a ayudar. Cuando finalmente volvió a casa con su familia, les invitamos para que nuestros maridos pudieran conocerse. Nuestras familias congeniaron bastante bien y disfrutamos muchísimo el momento. En otras ocasiones, él y Fama venían a casa para llevarse a Amari. Tanto él como Fama estaban ayudándole a mejorar sus habilidades en el fútbol. Amari apreciaba enormemente esos momentos, y estaba feliz de aprender a jugar un deporte tan popular en toda España. Samba había sido jugador profesional en su juventud, por lo que fue un gran maestro para su hija y Amari. La relación entre su familia y la mía nos unió cada vez más y nos llenó de orgullo.

Era el segundo día de Zipporah y D'iona aquí, y mi hermana estaba lista para disfrutar de la vida nocturna de Utrera. Decidimos asistir a un festival local de la cerveza que se celebra cada año en el mes de octubre durante todo el fin de semana. Le pedimos a la madre de Tina, Tía Patri, que cuidara a los niños esa noche. Esto quedaba cerca de casa, así que caminamos hasta el lugar donde era, "La Plaza de Toros", una zona común en la que se realizaban los mejores eventos de la localidad.

Era una noche de octubre húmeda pero fresca. Podía ver a mi hermana asimilando cada momento como lo había estado haciendo desde el momento en que llegamos a España. La Plaza de Toros estaba en dirección al Parque de Consolación, así que caminamos por el paseo mientras observábamos las estrellas que iluminaban el cielo. Cuando llegamos, el lado derecho del estadio estaba repleto de carpas que aquí llaman chiringuitos, mesas con bancos y mucha gente. Todos parecían estar disfrutando con sus familias. Había niños corriendo, jugando por ahí, hombres y mujeres hablando y riendo... En el lado izquierdo había un enorme bar con diferentes cervezas europeas para elegir. Mi marido, mi hermana y yo nos lo pasamos genial degustando una variedad de cervezas nuevas para nosotros. Estábamos muy contentos. Hablamos, reímos y bailamos. Había una canción en particular llamada "No M'Arrecojo (50 Años En Familia)" de Diego Carrasco, que estaba sonando, y parecía haber tocado nuestras almas. Aunque era una canción española flamenca y no entendíamos la letra, el ritmo africano y el origen de la canción, parecían ser nuestro traductor universal. Mientras tanto observaba y grababa a mi hermana y mi marido bailando al ritmo de esta hermosa canción. Noté que las personas nos veían disfrutando de su cultura y pueblo. Algunas personas cogieron sus móviles y comenzaron a grabarse a sí mismas. Era extraño pero gracioso. Disfrutamos de la noche bebiendo, comiendo pollo asado y aperitivos. Esta fue una velada para recordar y el comienzo de nuestras muchas aventuras nocturnas por venir.

Mientras respiraba hondo y miraba a mi alrededor, noté mi enorme cambio de vida. ¡Qué hermosa vida hemos creado! y mi sueño se había convertido en más de lo que pude imaginar. Tantas puertas se han abierto, y han llegado las oportunidades. Por ejemplo, no sólo tengo la oportunidad de vivir en el extranjero sin pertenecer al ejército con mi marido e hijos, sino que también están aquí mi hermana y mi sobrina. Con la ayuda de Dios, he ganado muchas batallas y mi camino está ahora claro para que pueda elevarme. Una de mis principales metas era perder peso y mantener una dieta más saludable. Sabía que esto sería posible y factible porque vivía en un pueblo donde caminar es el principal transporte, y mi hermana que es adicta al ejercicio estaba aquí. Empezamos a bailar en la terraza de mi casa y puedo recordar la sensación de sudar y quemar calorías bajo el sol, haciendo algo que no sólo yo amo, sino también los niños. Bailábamos al ritmo de nuestro góspel , de nuestro son africano, del reggaetón, y nos divertíamos bastante. Al principio esto sólo era por diversión, después se convirtió en una rutina diaria. Déjame explicarme. Mi hermana, con su personalidad extrovertida siempre tenía un motivo para bailar, y no le importaba que las personas la vieran. Algunas de las madres en el desayuno pronto se convirtieron no sólo en mis amigas, sino también en miembros de la clase de baile que Zipporah y yo habíamos iniciado. Puedo recordar el momento en que se mencionó el tema cuando todos nos reímos al respecto, sin saber que estas palabras pronto se harían realidad. Muchas de las madres con las que desayunábamos, también disfrutaban del baile, y supongo que estaban buscando una salida y una forma de conectar con nosotros. Empezamos a bailar en los parques locales y a reunirnos donde podíamos. Hacíamos vídeos, reíamos y sudábamos gotas de felicidad. Nunca había hecho algo así y la emoción de que se hiciera más grande me obligó a hacer una lluvia de ideas.

"¡Hermana, tenemos que encontrar un lugar y comenzar a dar clases de baile!", sugerí con entusiasmo a Zipporah. Esta idea me surgió por la empatía que sentía por las otras madres y conmigo misma. A menudo nos sentíamos abrumadas por las necesidades de nuestros hijos y, a veces, las necesidades de nuestros maridos y nos olvidamos de las nuestras. Hablaría sobre esto a menudo con estas mujeres y amigas fuertes y valientes. No sólo necesitaba esta clase de entrenamiento, sino que quería compartir mi alegría con las otras madres. Pensé que era mejor para Zipporah encargarse de la clase, ya que yo haría los calentamientos. Esto era maravilloso y yo estaba lista. Le pedimos al estudio de arte de nuestro hermano, NRashadstudios, que diseñara nuestro logotipo. Tomamos nuestro logotipo e imprimimos varios folletos en la imprenta de una de nuestra amiga, Teresa; a partir de entonces comenzamos a promocionarnos. Otra madre Conso A. le preguntó a su amigo que tenía un gimnasio "Coliseum", si podíamos llegar a un acuerdo para utilizar su gran sala de ejercicios dos días a la semana. Él aceptó, y la clase "Hermanas bailando" se hizo realidad.

Unas semanas después me encontraba sentada en el suelo de goma rojo del gimnasio, con el cuerpo empapado por el sudor, sintiéndome orgullosa tanto de mi hermana como de mí misma. Convertimos nuestro sueño en una realidad. Además, estaba orgullosa de mí misma por deshacerme de tanto exceso de peso que había querido perder desde hacía años. Sin mencionar que mis habilidades atléticas y de baile mejoraron notablemente. Cuando llegué a España, me volví diferente. Mis hábitos alimenticios, antojos, etc., cambiaron. Empecé a comer menos carne, y la reemplacé por frutas y verduras, y me aseguraba que mi energía no se viera mermada por el trato con mis hijos. Caminábamos a cualquier sitio que quisiéramos ir, pues Amos utilizaba nuestro coche para su trabajo. Yo era, y soy, muy feliz con nuestra vida en España. A mis ojos, mi paz y felicidad eran el 60% de mi pérdida de peso. Cuando llegué a España, pesaba alrededor de 77 Kg. Ocho meses después, pesaba sólo 61 Kg. ¡Había perdido aproximadamente 16 Kg en sólo ocho meses!

Con la llegada de Zipporah, mi pérdida de peso se aceleró, pues practicábamos baile dos veces por semana, los lunes y jueves, de 3:30 pm a 4:30 pm. El dueño del gimnasio, Jesús, nos recibía con alegría todas las semanas. Recuerdo que cuando lo conocí, no estaba segura de que nos dejara utilizar sus instalaciones, porque sus gestos eran serios y su actitud un tanto engreída. Y además, porque sólo entendía la mitad de lo que decía. En general, creo que Jesús es un hombre de negocios serio, disciplinado, correcto y respetuoso. Creo que vio esta clase como una oportunidad, un beneficio potencial para su gimnasio. Después de que nos explicó sus condiciones y estuvimos de acuerdo, todos asistíamos a la clase y fue muy divertido. Conocía a Zipporah y sabía que nos tendría en el suelo moviendo nuestras rodillas y cogiendo aire. A todos nos gustaba que fuera nuestra instructora, pero también era una mujer soltera y viajaba constantemente.

Al llegar a España tuve que enfrentarme a mis miedos y derribar los obstáculos que yo misma me había puesto. Por ejemplo, a regañadientes y nerviosa dirigí la clase de baile cuando Zipporah se iba de vacaciones. No sabía qué hacer, nunca había dirigido la clase como ella, quien lo hacía cada semana. No obstante, sus palabras resonaban en mi cabeza. "¡Puedes hacer cualquier cosa si te lo propones!".

Sonreí con confianza y también pensé en el estímulo y la emoción de Conso A para dirigir las clases. Tuvimos un total de diez alumnos. Sin embargo, durante las vacaciones sólo tres personas asistieron a las clases. Esto no me desalentó ni ofendió, me relajó. No solo estaba feliz y motivada por divertirnos y mantenernos en buena forma, sino que la disminución del número de asistentes me relajó. Todas las mujeres se mantuvieron emocionadas y estaba orgullosa de haber derrotado esa vacilación. En resumen, todos los miembros, antiguos y nuevos, disfrutaban de la clase de baile y nuestros nombres se mencionaban por toda la ciudad. Sé que muchas de las madres apreciaron este tiempo para ellas y esperaban que continuáramos.

No sólo estábamos disfrutando de España, sino que también estábamos haciendo grandes avances. Zipporah, Amos y yo hemos logrado formar una tribu y nuestra unión nos ha ayudado a todos a tener éxito en un nuevo país. Puede ser difícil sobrevivir sin conocer a nadie, y muchos de los contactos que hemos hecho han sido exitosos. Durante nuestro primer año todos hicimos grandes conexiones con muchas de las madres y sus familias, así como con algunas personas de la base aérea. Me lleno de gratitud cuando veo la alegría en mis hijos; cuando siento el gozo dentro de mí misma y reconozco el gozo en mi marido y de toda la familia.

Admito que sólo temía por uno de mis hijos, como he dicho antes, ese miedo lo sentía por Aaron. Con sus hábitos particulares y su comportamiento obsesivo, temía por su desarrollo aquí en España. Pero ese miedo desapareció poco a poco, a medida que cada día le presentaba nuevas ideas y situaciones distintas. Me centré en que mejorara su comunicación. Nunca hubiera imaginado que poner a Aaron en un entorno que tal vez no le resultara cómodo al principio fuera la respuesta para derribar muchos de sus muros psicológicos. No sólo estaba progresando, sino que estaba haciendo amigos.

Fue la primera semana de diciembre cuando Aaron fue a su primer cumpleaños de un compañero de clase. Muchas de las fiestas se celebraban después de la escuela, los viernes en un lugar privado. Era el cumpleaños de la pequeña Martina que era tan linda como un botón. ¡Llevaba gafas de color rosa claro y era tan dulce e ingeniosa como sólo ella podía ser! Me recordaba una versión femenina del niño pequeño de la película *Stuart Little*. Cuando llegamos, todos los padres fueron muy amables y acogedores. La madre de Martina se llama Ángeles, y pude conocer a su marido, Antonio Sánchez. Era muy amable, y hablaba inglés bastante bien. Charlamos un rato y descubrí que su trabajo era similar al de mi marido. Ambos trabajaban en la base aérea. Antonio me dijo que ahora cuando viera a Amos en la base, sabría que era el padre de Aaron. Me hizo reír bastante cuando trató de imitar la forma en que hablan los sureños americanos. Fue magnífico conocer a más padres y Aaron se lo pasó muy bien, lo cual me hizo extremadamente feliz.

La felicidad fue un sentimiento común mientras vivía en España. Siempre estaba descubriendo nuevas partes de la historia de España a través de los nuevos amigos que había hecho. Disfrutaron compartiendo conmigo el orgullo de su cultura y yo disfruté compartiendo el mío con ellos. Por ejemplo, el Día de la Constitución Española es el 6 de diciembre. Específicamente, 1977 fue el año en que España dejó de ser un país bajo una dictadura. En este día, en muchas escuelas los niños llevan globos rojos y amarillos, representando los colores de la bandera española. Muchas leyendas e historiadores dicen que los colores de la bandera simbolizan las corridas de toros. El rojo representa el derrame de sangre del toro, mientras que el amarillo representa la arena donde cae la sangre. Saber eso fue particularmente difícil para mí pues no me gusta que se utilicen animales para la alimentación, mucho menos para la diversión. Con respeto, escuché y agradecí a cada persona por haberme enseñado algo sobre su cultura. Estaban felices y orgullosos de explicármelo todo, y yo estaba agradecida. Parecía como si estuviera haciendo amigos todas las semanas.

Todo el mundo quería conocer a mi familia y a mí, nos invitaban a tomar un café o a algún evento social. Traté de asistir a cada invitación, pero no podía. Sin embargo, las invitaciones me hicieron sentir muy integrada. Mis hijos fueron a la mayoría de las fiestas de cumpleaños a las que fueron invitados, y mi marido y yo hicimos un esfuerzo para reunirnos con muchos de los españoles en la ciudad, más que con los estadounidenses de la base aérea. Sabíamos que integrarnos no sólo nos ayudaría a conocer la cultura, sino que también nos daría toda la experiencia del país.

Era la segunda semana de diciembre y ya habíamos sido invitados a muchas celebraciones. Este evento en particular al que asistimos fue en realidad una barbacoa. Esto me hizo pensar en casa y en las muchas barbacoas familiares que mis padres hacían en el sur de Florida. Sin embargo, ésta era un poco diferente a la de casa. Era una barbacoa de estilo andaluz. No era sólo la típica barbacoa en el patio trasero con la familia y algunos amigos. Aquí en España tus amigos son tu familia, y muchos de los niños de la escuela crecen juntos como hermanos, que creo que es una buena manera de desarrollo de niño a adulto. Pienso que mis hijos experimentan esas mismas conexiones mientras están aquí en esta pintoresca ciudad.

Investigando la ubicación de la barbacoa, me di cuenta de que ésta era una gran casa de campo, elegantemente decorada, rural pero cómoda y natural. La anfitriona, Cristina, madre de uno de los compañeros de clase de Aaron nos invitó. No me pude resistir a su invitación y fuimos. Al entrar en el lugar, escuchamos música fuerte, risas y vasos tintineando. Una gran multitud de amigos y familiares, grandes y jóvenes, nos saludaron con sus dos besos tradicionales. Debido al horario de trabajo de Amos, llegamos unas horas tarde, ni siquiera nos cuestionaron por eso, lo entendieron. Para cuando llegamos, todas las personas estaban muy entretenidas. Todo el mundo comenzó a hablarnos, uno por uno, todos trataban de practicar su inglés. Amos se alejaba de vez en cuando mientras los padres lo obligaban a conversar. Algunos de los hombres sabían de cocina, lo que llamó la atención de mi marido. Amos es mi chef predilecto, y no sólo porque es mi marido y lo apoyo, es por todos los aspectos de su profesionalismo y perfeccionismo, su manera de sazonar los platos es algo difícil de igualar. Supe que comenzaría una pequeña rivalidad, al ver que los otros invitados presumían de sus mejores habilidades y él de las suyas. Al ver eso, me preocupé un poco. La belleza y la competencia amistosa siempre son divertidas de ver, sin embargo, pude ver que Amos también estaba aprendiendo y eso es de apreciar. Esta barbacoa era un evento que Cristina y su marido Antonio Serrano organizaban cada año durante el invierno en su casa de campo familiar. Muchas personas diferentes asistían a esta barbacoa, y pude ver en ambas caras, que estaban contentos por tener a todos en su casa y en su presencia, para compartir comida, bebidas, conversaciones y amor. Recuerdo que le comenté a Cristina sobre la dieta vegetariana de D'iona, y ella amablemente había preparado comida especial para mi sobrina. Salía y entraba de prisa a la casa con la comida de D'iona. Le sirvió como si fuera una princesa y ese gesto lo valoramos bastante. Comimos corteza de cerdo recién asada, varios platos con carne de cerdo, res y pollo, empanadas, aperitivos y mucho más. Cada plato era diferente y único.

Algunos tenían un gran sabor y otros no tanto. Aún no me acostumbraba a la comida. Sin embargo, aprecio la originalidad de los alimentos y el agua natural aquí en Europa. España, conocida por su gran agricultura, estaba llena de mercados con productos frescos. Algunas ciudades los tenían en todas las calles. Comer en esta celebración lo evidenció. Estos platos contenían ingredientes frescos y la mayoría de ellos eran caseros. En menos de una hora estaba llena de cerveza y buena comida. El marido de Cristina, Antonio Serrano, vino y se presentó a nosotros mientras comíamos y socializábamos con los demás. Antonio es un veterinario conocido aquí en Utrera. Él y yo hicimos clic o congeniamos por nuestro amor a los caballos. Él y Cristina tienen dos hijos preciosos. El hijo menor, Antoñito, era de la edad de Aaron, y su hija tenía tres años. Antonio era encantador, lo veía inteligente por su conversación y amable. Hablaba un poco de inglés y me di cuenta de que disfrutaba practicándolo. También noté que era un gran padre por la forma en que atendió a D'iona junto con su esposa.

Hablar inglés hace que sea fácil destacar y ser notado. Para mi sorpresa había otra familia relacionada con la base aérea. Un cubano americano llamado Jorge y su esposa japonesa, Aika, y sus tres hijos pequeños. Me di cuenta de que ambos estaban felices de escuchar inglés americano y de conocer a otra familia proveniente de América. Jorge y Aika eran los padres de otra compañera de clase de Aaron, Luna. Era una adorable mezcla de Jorge y Aika. Hablaba un poco de español, japonés y, por supuesto, inglés. Ella y Aaron se llevaban muy bien, y ella parecía entender la soledad de Aaron. También tienen una linda hija de ocho años, Susie, y un hijo de tres años, Robert. Jorge es militar estadounidense activo, y es de mi ciudad natal de Miami, Florida. En mi opinión personal, Jorge era un poquito pretencioso, pero una vez que miré más allá de ese ínfimo defecto, me di cuenta de que es realmente una buena persona. Su esposa, Aika, era exactamente lo contrario. Era muy tímida, dulce y humilde. Ella no hablaba mucho, y siempre sonreía, característica muy común de los orientales. Parecía estar muy involucrada con los acontecimientos de la escuela y a medida que avanzaba el tiempo, noté que esto era común, el estar inmersa en las actividades de la escuela. Me encantó conocer a todas estas nuevas familias y establecer más vínculos afectivos. Conforme continuaban las conversaciones y la comida seguía, no pudimos evitar preguntarnos quién estaba asando esta carne a la parrilla tan perfecta. Pronto supimos la respuesta a nuestra pregunta. Un hombre amable que traía puesto un delantal, se acercó a nosotros por detrás con un plato de carne recién cocinada. Podía ver el jugo de la carne escurrir y oler el humo saliendo del plato. Nuestras papilas gustativas bailaban con cada bocado de carne. Amos y yo estábamos muy impresionados y contentos por conocer a Alexander. "El cocinero francés", así lo llamé. Creo que se sentía halagado, pues sonrió cuando escuchó como lo había apodado. Alexander es el marido de María José y padre de la pequeña Alexandra. La pequeña Alexandra también es compañera de Aaron. Pasó el tiempo y todos disfrutábamos de la compañía del otro, devorando todo lo que nos servían. El cocinero francés era un hombre guapo y fornido con una barba gruesa en el rostro. Luego reapareció en la noche con dos pollos frescos en cada hombro. Amos y yo nos preguntábamos lo mismo.

"¿Cómo cocinará dos pollos en tan poco tiempo?". Le murmuré a Amos. Me sonrió y se encogió de hombros. Para nuestra sorpresa, después de dos horas sirvió el plato; el pollo más jugoso, tierno y sabroso que he probado. Cortó el pollo en trozos gruesos y los colocó sobre pan español recién horneado. La forma en la que presentaba los platos era excelente, pero aun lo era más su actitud de servicio. Amos se reía mientras comía y le dijo a Alexander lo que habíamos comentado. A todos nos asombró lo rápido que había cocinado el pollo, y bromeábamos sobre eso.

Amos y yo disfrutamos hablando con Alexander. Su pasión por la cocina era cautivadora y admirable. Su filosofía sobre la vida parecía centrarse en la cocina, el servicio y lo más importante, la familia. Nos dijo que le encantaba cocinar porque le gustaba la idea de compartir y dar. Su madre es francesa, él nació y se educó en Francia. Pero su padre es español; por lo tanto, habla francés, español e inglés, lo que también es admirable. A pesar de que Alexander vivía en España con una esposa española, parecía identificarse más con sus raíces francesas. Cada persona con la que hablé era interesante y estaba emocionada de compartir conmigo su historia. Conocí a varias madres y padres, amigos, hermanas y hermanos. También conocí a Javier, marido de Anita y padre de gemelos, Xavier y Martina. Tanto Javier como Anita eran militares españoles en servicio activo y parecían ser el uno para el otro. Javier es apuesto, elocuente, inteligente y simpático. También hablaba un poco de inglés, al igual que muchos de los presentes en esta fiesta. Tanto Anita como Javi siempre estuvieron dispuestos a ayudarme con mi español, y no dudé en aprovechar esa oportunidad. Anotaba todos sus comentarios. Todos conectamos de una manera especial esa noche.

Vi cómo Abi se apegó a Aika debido a su espíritu tranquilo, escuché cómo Jorge dijo sentirse encantado de habernos conocido, y me sentí deleitada al ver como Antonio Sánchez sacaba a D'iona de su tímido caparazón al decirle:

"¿Estás aprendiendo español, D'iona?", le preguntó en inglés.

"Un poco", respondió ella en inglés.

D'iona y yo estábamos sentadas en el sofá cuando Antonio Sánchez se apoyó en el brazo de éste, e hizo contacto visual con mi sobrina. Le dijo a D'iona que era importante que ella se esforzara por aprender español, porque vivir en otro país es una oportunidad extraordinaria y ella debería aprovecharla al máximo. No sé por qué lo hizo, pero tenía razón en sus palabras. Le agradecí bastante lo que le dijo, sentía como si Dios hablara a través de él. Me sorprendió escuchar la observación de Aika cuando mencionaba lo cómoda que me sentía cuando intercambiaba afecto con los españoles. Nunca me vi como una mujer cariñosa, pero vivir aquí obviamente ha cambiado eso. Por otro lado, supongo que estoy acostumbrada a esta manera de saludar porque las maneras del sur de España son parecidas a las de sur de Estados Unidos. Amable, cariñosa y acogedora, pero entrometida y cautelosa al mismo tiempo.

Hacia el final de la noche, todo el mundo se sentía achispado y disfrutaba de las múltiples conversaciones. Mientras tanto, casi cuando terminaba la noche, Antonio Serrano me dijo que él, Amos y Alexander habían decidido tener una competición culinaria. Esto divirtió a Amos y me hizo mirar a la esposa de

Alejandro, María José, con fascinación. ¡Era tan dulce, hermosa y pequeña! Quería preguntarle algo, pero no estaba segura de cómo decirlo en español, así que usé mi traductor. Le di a María José mi teléfono para que leyera la pregunta y al leer el mensaje, se rió. Luego le enseñó el mensaje a su marido y a todos los que la rodeaban. "¡Todos juntos se morían de risa!" Estaba un poco confundida porque para mí era una pregunta lógica, pero también me divertía verlos a todos reír por mi curiosidad.

¡Tu marido es un excelente cocinero! ¿Cómo estás tan delgada?

"Gracias", respondió ella una vez que recobró el aliento.

"¡Esa sí que es buena!". Dijo Alexander mientras seguía riéndose.

Pasaron unas horas más, y la fiesta estaba ya por terminar. La mayoría de los niños, incluido el mío, estaban dormidos y listos para irse a casa. Los subimos en el coche, tomamos nuestras bolsas y comida, nos despedimos y nos fuimos a casa. Después de poner el pijama a los niños y prepararlos para acostarse, tomé un descanso y me senté bajo las estrellas para dar gracias a Dios por todas estas nuevas experiencias.

A veces me sentaba en la tranquilidad de la noche durante un par de horas. Recuerdo mi primera vez aquí en Utrera, España, sentada bajo el cielo en soledad. Esto se convirtió en una reflexión diaria para mí, y estaba agradecida de poder tener este tiempo para escabullirme al menos por un momento. Asumí que a veces mis vecinos escucharían mi música u olerían mis "hierbas" quemándose, pero ninguno mencionaba nada al respecto. Todos parecían ser amables y se centraban en ellos mismos. La primera vez que conocí a mi vecina que vivía a mi derecha, la Sra. Conso, fue estando en nuestra terraza una mañana poco después de la llegada de Zipporah. A todos nos gustaba la terraza y pasábamos mucho tiempo en ese lugar. Este era nuestro lugar favorito para escuchar nuestra música, bailar, tomar una copa, y cosas así . El aire y la brisa eran frescos y el sol cálido. Una mañana que subí a la terraza, vi a mi hermana discutiendo con nuestra vecina. Fue un poco gracioso. Me aproximé a ellas para intentar calmar la situación. La Sra. Conso y yo nos presentamos cortésmente, y usé las pocas palabras que sabía en español para arreglar nuestros problemas. Le dije a la Sra. Conso que Zipporah vivía con nosotros temporalmente y que estaba buscando un lugar para ella. Ella no entendía casi lo que decía, pero captó la importancia del mensaje. Luego, la Sra. Conso me preguntó lo mismo que todas las personas.

"¿Cuánto tiempo estaréis viviendo aquí en España?".

La Sra. Conso lo preguntó con sus brazos apoyados en la pared. Ella parecía estar cómoda en nuestra presencia, lo cual me relajó. Pensando en su pregunta, no dudé en darle una respuesta, porque era lo mismo que todos me preguntaban.

"No lo sé, pero creo que mucho tiempo", contesté con fe en mi misma y seguridad.

Mi mente se aventuró hacia el futuro por un momento y pude ver a mis hijos siendo mayores, hablando con fluidez español; vi a Amos preparándose cada día para abrir su restaurante por las noches y manejar las habilidades musicales de los niños durante el día, pero lo más importante me vi publicar este mismo libro.

Mi próxima interacción con la Sra. Conso también se dio en la terraza. Fue durante el tiempo que su hija estaba de visita. La hija de la Sra. Conso vive en Utrera y visita a sus padres a menudo. Aaron estaba en la terraza conmigo cuando él y la Sra. Conso se conocieron. En poco tiempo le cayó muy bien y le mostró su amor. Sin que la Sra. Conso preguntara, le expliqué abiertamente en español que Aaron era autista. Ella estaba muy sorprendida porque ante sus ojos, se comportaba con normalidad. Podía hablar, vestirse y usar el baño por sí mismo. Aaron contó hasta diez para ellas en español y fue increíblemente adorable. La Sra. Conso levantó a Aaron, lo llevó a su lado de la terraza, y empezó a charlar con él jugando con las manos y corriendo por ahí. Luego fue a su armario a por un juguete para Aaron. Ella había hecho lo mismo por Abi anteriormente porque también la apreciaba mucho.

Luego hubo otra interacción, aunque rápida, pero muy graciosa. Zipporah y yo estábamos en nuestra sesión matutina habitual. La Sra. Conso salió con su linda bata rosa. Nos saludamos y ella nos preguntó nuestras edades. La Sra. Conso se sorprendió al descubrir que Zipporah era mayor que yo, que era soltera y no tenía hijos.

"*¿Eres soltera?*". La Sra. Conso preguntó con una sonrisa en la cara.

Zipporah y yo nos reímos abruptamente de su respuesta porque puso cara de "Cada uno a lo suyo". Dicho esto, se despidió y se fue. Disfruté estos momentos con mi vecina la Sra. Conso porque era una persona auténtica y honesta. Era amable pero severa, dulce, pero firme. Sabía que cada encuentro con ella sería grato. Por ejemplo, hubo una tarde que estaba con mis hijos en la terraza bailando y la Sra. Conso se volvió a familiarizar con Aaron, nos miró bailar y se quedó a hablar con nosotros por un rato. Incluso regañó a Amari por sentarse de forma peligrosa en la pared superior. Me dio pena no haberme dado cuenta de eso. Sin embargo, aprecié que ella se sintiera lo suficientemente cómoda y preocupada como para corregirlo. Me di cuenta de que este comportamiento lo tienen todas las madres. Todas somos madres para todos los niños. Luego llevó a Aaron a su casa una vez más para regalarle algo. Todo lo que pudo encontrar fue un viejo Papa Noel (Santa Claus). El juguete era un Papa Noel en la parte superior de un monociclo con platillos de latón en sus manos. Cuando se enciende, el monociclo gira mientras Papa Noel choca los platillos que tiene en sus manos. Desafortunadamente, el juguete no tenía baterías. ¡Pero la Sra. Conso no se dio por vencida tan fácilmente! Fue en busca de unas pilas para que el juguete funcionara. Regresó cinco minutos más tarde con las baterías adecuadas. Al principio, a Aaron no le gustaba el juguete, le daba miedo. Pero no creo que la Sra. Conso lo hubiera notado. Colocó las pilas en el juguete y lo encendió, pero el juguete no se movía. De repente, Aaron tomó con entusiasmo a Papa Noel y se sentó a la mesa. Todos seguimos bailando mientras la Sra. Conso nos miraba con felicidad. Estaba impresionada con los movimientos de baile de Amari y el ritmo de Abi. Me di cuenta de que Abi sujetaba con fuerza los dedos de la Sra. Conso mientras bailábamos, y no la soltaba.

De repente, la Sra. Conso gritó: "¡Mira!". La vimos mientras apuntaba hacia Aaron con alegría y asombro en sus ojos. ¡El juguete estaba funcionando! Aaron arregló el juguete, y nadie sabía cómo. Fue un misterio para todos y estábamos sorprendidos y entusiasmados porque ahora ese juguete funcionaba. Después de mis primeras conversaciones con la Sra. Conso, empecé a verla más frecuentemente. Observé que tenía mucho estilo y que es una gran madre. Me agradaba tener una vecina que apreciaba a mis hijos y que respetaba mi cultura y estilo de vida. La Sra. Conso es amable, atrevida, divertida y sabia. A los niños y a mí nos agrada bastante.

Una noche, a mediados de diciembre, volví a ver a la Sra. Conso mientras meditaba por la mañana. Intercambiamos saludos y me preguntó por los niños. Preguntó cómo les iba a los chicos en la escuela y sobre su día. Le dije que en este día en particular ambos chicos habían ido de paseo. En España se llaman excursiones de campo. Luego me preguntó que qué estaba escribiendo mientras miraba el pequeño diario verde que tenía en la mano derecha. Le conté sobre mi pasión por escribir cuando tengo tiempo libre. Luego le hablé sobre mi próximo libro y que estaba escribiendo todas mis experiencias aquí en España; que en un año publicaría un libro sobre todo. Ella estaba sorprendida y feliz de saberlo. ¡Su respuesta me dio tanta vida! Me preguntó si el libro estaría en español, sugiriendo que le encantaría leerlo. Le aseguré a la Sra. Conso que el libro se publicaría en ambos idiomas, en inglés y español. Esto la hizo sonreír y verme de manera diferente. Luego me dijo que quería una copia.

"Claro, claro, claro, por supuesto", se lo prometí.

Intercambiamos algunas palabras más esa mañana, ella cortésmente me dijo adiós y me dio una palmadita firme en mis hombros.

"Hasta luego", susurró la Sra. Conso.

"Nos vemos más tarde", respondí en español con una sonrisa brillante en la cara. Esta charla entre la Sra. Conso y yo realmente me animó. Me hizo sentir bien y apreciaba saber que la gente local estaba interesada en saber la opinión de una negra estadounidense sobre su país y cultura. Sin darse cuenta, la Sra. Conso, mi primera vecina en Utrera, me alegró el día.

Era fácil conocer a las personas de mi vecindario, pues la mayoría disfrutaba pasando tiempo al aire libre. Reconozco que muchas personas disfrutan del almuerzo y la cena al aire libre en la brisa fresca. Todos comían y cenaban juntos como una familia y eso siempre fue agradable de ver. No sólo coincidíamos a menudo con la Sra. Conso, también veíamos a menudo a nuestro joven vecino Diego, quien vivía en la casa a la izquierda. Zipporah fue la primera en conocerlo, yo lo hice después; tuve que tocar su timbre para ver si sabían de quién era el coche que estaba estacionado en nuestra puerta, ya que había sucedido en repetidas ocasiones. A veces su madre aparcaba en nuestro lugar por un corto período, lo que causaba un poco de tensión. Sin embargo, el problema se resolvía rápido, ya que le pedimos que evitara aparcar en nuestro sitio. Diego es el hijo del dueño de la casa. Su madre es una mujer de origen francés que ahora trabaja como enfermera registrada aquí en España. También tiene una hermana adolescente más joven, y ella también es agradable. El inglés de Diego es bueno, eso fue lo que nos conectó como vecinos. De vez en cuando intercambiábamos palabras en inglés, y yo admiraba su esfuerzo. Diego y sus amigos eran jóvenes. Se reunían todas las noches en su patio trasero. No hacían ruido y nunca fueron irrespetuosos. Me contó que asiste a la Universidad de Sevilla y que toma clases de inglés. Aunque acabo de conocerlo, estaba orgullosa de que expandiera su educación. Un día, mientras D'iona y yo estábamos bailando en la terraza, Diego salió a tender su ropa para que se secara. Él miró en silencio mientras yo bailaba.

Luego dijo: "Yo también sé bailar, sabes".

Al instante dejé de bailar y me giré para verlo.

"Muéstrame lo que sabes". Respondí con entusiasmo, retándolo.

Diego puso su música en el altavoz y empezó a bailar. Sus movimientos eran auténticos, y tenía ritmo. Era un buen bailarín, y me quedé impresionada. Diego es joven, cordial, perspicaz y simpático. Sus amigos también parecían amables y respetuosos. Mi hermana y yo, los oíamos a él y a sus amigos hacer *freestyling* y, en mi opinión, sonaban bien. Para mí, todos eran buenos raperos, y siempre parecían estar divirtiéndose y disfrutando entre ellos , sin tener problemas.

En pocos meses mi vida había pasado de ser una madre ama de casa sin ver mucho a mi marido en los Estados Unidos, a vivir en España con toda mi familia unida por fin. Estaba entusiasmada pensando mientras me vestía para asistir a otra reunión.

La Navidad pronto llegaría, y recuerdo que sentí momentos leves de aprehensión mientras por error hice planes para asistir a múltiples fiestas. Sin embargo, este era mi primer año en España y quería aprovechar las oportunidades para conocer la cultura tanto como era posible. La clase de baile que mi hermana y yo empezamos nos dio esa oportunidad. Deslizaba el vestido sobre mi cuerpo, ahora en forma, mientras me recogía el cabello. Miré al reloj y me di cuenta que llegaría tarde a la cena de vacaciones del gimnasio. Como en Estados Unidos, era una tradición organizar una gran reunión por las vacaciones. Una persona se encargaba de hacer todos los arreglos, y los demás pagábamos por ellos. Zipporah, Chelle, Amos y yo decidimos asistir a la cena del gimnasio porque queríamos familiarizarnos con el personal. Le agradecimos a Jesús que nos permitiera utilizar su espacio para nuestra clase de baile de fitness. También vimos esto como una ocasión única para divertirnos mientras conocíamos a las personas que van y/o administraban el gimnasio. Llegamos tarde porque Zipporah no recogió a tiempo a Chelle. Chelle era una de las amigas más cercanas de Zipporah de Florida. Ella vino de visita durante unos meses, y nos alegramos de que pasara un tiempo con nosotros. Cuando llegamos, Jesús, el dueño del Gimnasio Coliseo en Utrera, estaba sentado presidiendo la mesa, acompañado de unos rostros familiares y otros que no conocíamos. Todo el mundo estaba vestido para impresionar, lucían increíble. Este año la cena fue en un majestuoso y elegante restaurante llamado El Bouquet Tapas, en Utrera. El almuerzo comenzó a las dos y media, pero por supuesto llegamos tarde. Sin mencionar que, en aquel entonces creía por mi experiencia con mis amistades, que los españoles no son personas muy puntuales. Para ese entonces, Zipporah y yo llevábamos ya un mes impartiendo la clase de baile, y habíamos forjado algunos lazos de amistad y relaciones de trabajo. Isabel, la hermana menor de Tina, ya estaba allí con una amiga, y me había escrito varias veces para preguntarme dónde nos encontrábamos.

Cuando al fin llegamos, le pedí a Isabel que nos esperara afuera y así lo hizo. Lucía estaba impresionante con su vestido negro de terciopelo, corto con mangas largas. Llevaba puestas unas medias transparentes con tacones negros. Nos encontramos con Isabel que muy amablemente nos acompañó al interior del establecimiento. Pensé que estaríamos sentados dentro de la cafetería del restaurante, pero ella seguía caminando hacia un estrecho pasillo que conducía a una enorme sala cerrada repleta de mesas bellamente decoradas. En todas las mesas había hombres y mujeres muy elegantemente vestidos. Mientras entrábamos en el salón, sentí las miradas de los asistentes, asombrados por nuestra presencia. Yo llevaba puesto un vestido azul y gris brillante, sexy, y Amos traía una bonita camisa de vestir con un diseño de flores y unos pantalones ajustados. Zipporah y Chelle llevaban vestidos negros cortos y abrigos rojos. Saludamos a todos y nos sentamos a cenar. Llegamos después de que se hubieran servido las bebidas y refrescos, pero justo a tiempo para el almuerzo que constaba de cinco platos. Los camareros comenzaron a servir los platos de carnes, pescados, arroz, pastas y ensaladas. Esta cena fue diferente que en casa, debido al hecho de que comimos todos los platos juntos. Me serví arroz y junto a este coloqué trocitos de carne y pescado. Me gustó mucho esta manera de comer, porque implicaba que todos comiéramos lo mismo. Después de socializar durante unas horas, comenzó a anochecer y dejamos el restaurante alrededor de las 7:30 pm; caminamos por el pueblo unos treinta minutos, mientras tomábamos fotos de sus encantadoras calles como "el niño perdido", la Plaza del Altozano y sitios pintorescos para nosotras. Terminamos en el Minibar, que estaba abarrotado de gente. El Minibar era un sitio muy popular en Utrera, y su nombre concordaba con su apariencia. Era un bar de copas pequeño en el interior, pero podía atender a un gran grupo en una especie de placita exterior compartida con otros locales parecidos. La noche era extremadamente fría, pero no se notaba gracias a la gran cantidad de personas que había. Todos pedimos unas copas y reíamos a la vez que hablábamos. Terminé encontrándome con Conso A., una de las madres con las que cogí confianza en Salesianos. Estaba allí con sus primos. Parecía estar en una reunión familiar. Estaba muy emocionada de presentármelos. Gran parte de la gente con la que estaba era tímida, pero yo ya me había acostumbrado a eso. Los saludé cortésmente a todos, hablé con el poco español que sabía y todos empezaron a entrar en confianza. Todos reímos y bebimos hasta embriagarnos.

Hubo un momento en el Minibar, en el que me encontré sola. Cientos de personas esparcidas por toda la calle llena de pequeños bares. El sonido de miles de voces, todos los distintos tonos resonaron en mi cabeza. Cada uno sostiene la pasión individual y la emoción. Sonaban como una gran ola de un mar de voces y sentí como si una fuerte ráfaga de viento llenara mi corazón de alegría. Mientras estaba allí, hice todo lo posible por sumergirme profundamente en ese mismo instante. Sé que no soy la única que dice que esa sensación me hizo como estar en otra dimensión. Las personas que han viajado o vivido en el extranjero pueden corroborar ese sentimiento. Escuchar los diferentes idiomas y acentos únicos me hacía sentir como si fuera una alienígena. De hecho, sí lo era y vivía en un país que no era el mío. Mientras intentaba absorber ese momento en el Minibar, mi amiga Verónica interrumpió mis pensamientos con un ligero empujón. Cuando me giré para verla, vi que su amiga Patricia se estaba riendo. Redirigí mi atención hacia Verónica, quien dulcemente cogió mi mano y me llevó de vuelta al grupo. Mientras caminé hacia ellos, me di cuenta de que Patricia, su amiga y Verónica se reían de mí. Ellas dijeron algo en español que no pude entender.

Patricia se paró frente a mí y dijo en inglés: "Estabas fuera, en tu propio mundo". "Te has puesto morada, como tu hermana.", dijo entre risas.

Me reí entre dientes porque ciertamente estaba en un mundo nuevo. Aunque disfruté de tomar el sol a solas, me sentía igualmente avergonzada de que mis amigos se percataran de mi estado. Hubo incontables momentos divertidos y situaciones tontas esa noche en particular.

Por ejemplo, cuando Conso A. se acercó al grupo para socializar con nosotros noté que algo extraño pasaba. Cada uno de nosotros comenzamos a charlar con Conso A., cuando de repente, una mano muy sigilosa alcanzó el bolso abierto de Conso A. y tomó su cartera. Al ver que Conso A. no se dio cuenta de esta acción, me confundí y preocupé. Sin embargo, pronto me daría cuenta que era la mano de Patricia. Al saber que había sido ella, me tranquilicé y seguí charlando. Pocos minutos después, me acerqué a Patricia con mi traductor en la mano. Le dije a través del traductor, que me parecía gracioso cómo se sentaba y observaba a las personas. Luego se rio y respondió con el mismo traductor.

"Es por eso que no bebo, me lo paso mejor viendo a la gente con el "puntito". Viste que le robé la billetera a Conso A. y ella aún no se ha dado cuenta", dijo Patricia mientras me enseñaba secretamente la billetera que traía en la mano. Después de saberlo, me eché a reír cuando ella se unió a mí. Ambas reíamos juntas, pues Conso A. aún no se había dado cuenta. Luego le conté un poco de mi experiencia en el ejército y de sus deberes policiales. Mientras hablaba con mis amigos, noté desde la distancia que Zipporah y Chelle estaban borrachas y cantaban. Todo el mundo estaba entretenido en algo, aplaudían y bromeaban. Después de unos tragos más en el Minibar, decidimos ir a un pub. Al entrar en él, instantáneamente nos dimos cuenta que ¡estaba lleno, de pared a pared! Había un grupo tocando, parecía ser un pub para jóvenes, aunque había personas de todas las edades. Nos dirigimos hacia un lugar vacío que encontramos al lado del escenario y bailamos hasta que nos dolieron los pies. Zipporah y Chelle se fueron un poco antes que el resto ya que tenían que coger el último tren a Sevilla. Amos, los demás y yo, nos quedamos un rato más. Después de dejar el primer pub, todos decidieron ir al siguiente. Entre tanto, Amos, Patricia, su amiga y yo terminamos separándonos del grupo original. Todos fuimos al local de hot dogs o perritos calientes para comer algo. Amos llamó y se cercioró de que los niños estuvieran bien, mientras yo bebía una botella de agua fría. Después de comer, caminamos hacia la plaza de toros para encontrar de nuevo al grupo. ¡Lo que encontramos fue mucho mejor! Una luna llena y las calles llenas de hermosas luces navideñas. Patricia comenzó a tomar fotos de Amos y de mí delante de un adorno de Navidad de gran tamaño, iluminado. Inmediatamente después de tomarnos esas fotos, pude sentir que mi teléfono estaba vibrando, era Isabel, que me preguntaba que por dónde estábamos. Le di mi teléfono a Patricia para que lo tradujera. Antes de continuar, el amigo de Patricia y yo descansábamos nuestros pies en un banco de la plaza. Patri hizo saber a Isabel quién era, y le explicó a la joven Isabel que estábamos todos cansados con los pies doloridos y listos para regresar a casa. Le expliqué a Patricia en inglés que antes de que Amos y yo fuéramos a casa, necesitaba saber que Isabel estaba a salvo y con sus amigas. Cansada, miré a Patricia y ella sabía qué le estaba pidiendo. Ella asintió con la cabeza y le envió un mensaje a Isabel. No fue hasta más tarde esa noche en casa que interpreté los mensajes entre Patricia e Isabel y descubrí un término absolutamente fascinante dentro de la cultura española, "¡que descanses bien!" Sonreí ante la adorable foto de Isabel y sus amigos para asegurarme de que estaba contenta. Esto me hizo sentir más cómoda y menos ansiosa porque deseaba irme a casa sabiendo que (mi hermanita española) Isabel estaba bien. Amos y yo acompañamos a Patricia a su coche y le dijimos "Buenas noches". Besé a Patricia en ambas mejillas y ella se ofreció para llevarnos. Nos negamos cortésmente, aunque ella seguía insistiendo, le dijimos que nuestra casa estaba muy cerca. Mientras Amos y yo caminábamos a casa de buen humor, ambos hablamos sobre las tapas de la noche y lo bien que lo habíamos pasado. Era poco más de medianoche cuando llegamos a casa, y todo lo que podía pensar era cómo me sentiría mañana para la fiesta de inauguración de la casa de

Zipporah. "La segunda ronda, supongo", me susurré a mí misma.

Zipporah había encontrado una casa no muy lejos de la nuestra, y me sentí agradecida por ello. Sabía que antes o después, Zipporah encontraría su propio lugar, pero no sabía lo lejos estaría de la familia. Sin embargo, Dios vio una manera de mantenernos a todos cerca, a la vez que nos honraba con nuestra necesidad de tener espacio y tiempo propios. Yo vivía a unos tres o cinco minutos a pie de una tienda de comestibles llamada Mercadona. Ésta era la tienda de la que todos dependíamos porque estaba muy cerca, y tenía productos frescos y saludables. La casa de Zipporah también estaba cerca de la tienda. Era una linda y pintoresca casa de tres dormitorios y dos baños. Un tamaño perfecto para ella y una ubicación ideal para todos nosotros. Esta noche fue la fiesta de inauguración de la casa de Zipporah con muchos de sus nuevos amigos y familiares. Cuando Amos y yo llegamos, alrededor de las ocho y media, tuvimos tiempo para ayudar a Zipporah a terminar con los preparativos de última hora. Cuando los invitados comenzaron a llegar, me di cuenta de que se trataba de un grupo muy diverso. Zipporah era una persona muy sociable, como mencioné antes, y esto lo demostraba. Tenía amigos de la base aérea, de Utrera y Sevilla en un mismo lugar. Las edades iban de dieciocho a cincuenta y uno; estaba sorprendida por la heterogeneidad del grupo. Recuerdo escuchar y ver a todos mientras se reían, bailaban y charlaban en esta pequeña casa española. El ambiente estaba lleno de amor, alegría y felicidad. Aproveché ese tiempo para practicar mi español. Escuché a dos amigos entre la muchedumbre, eran unos jóvenes hablando unos con otros. La mayoría de la multitud que estaba allí eran los amigos más íntimos de Tina, que también se volvieron cercanos a Zipporah. Todos eran hispanohablantes y sólo dos de ellos hablaban inglés lo suficientemente bien como para mantener una conversación con nosotros. Escuchando de cerca, podía entender con facilidad.

"La hermana de Zipporah habla mejor español que ella, ¿verdad?". Rocío le preguntó a Antonio en español mientras ambos reían.

"Más o menos", respondió Antonio con duda. Esta breve conversación entre ellos me hizo sonreír y darme cuenta de que necesitaba mejorar mi español. Ésta fue la primera vez que me junté con los amigos de Tina y ahora amigos íntimos de mi hermana también. Zipporah o Tina siempre contaban cosas buenas de ellos, y eso despertó mi interés en conocerlos.

Rocío es una delicia absoluta. Era una joven inteligente, preciosa y bastante amable. Era universitaria y asistía a clases de inglés. Tenía un espíritu tranquilo, maduro y tímido, pero no tenía miedo de comunicarse con mi familia y conmigo a pesar de la barrera del lenguaje. ¡Rocío también era una gran bailaora de flamenco! Amos y yo hablamos un poco con ella en privado, y tuvimos una conexión instantánea. me sentí afortunada de conocerla y esperaba saber mucho más de ella en el futuro.

De los amigos de la Base estaban Jessica, Toni y Terrance. Jessica era una amiga mutua de toda nuestra familia, y era muy divertida. Le encantaba la aventura y el baile, y estaba deseando que llegara la segunda parte de la noche para ir a bailar a los sitios de copas. Toni y Terrance eran una pareja dos años más jóven que nosotros. Terrance es un hombre negro americano de mediana edad, entusiasta, con un gran sentido del humor, sabio y orgulloso de sí mismo. Lo conocimos gracias a su esposa, Toni, a quien Zipporah y yo también conocimos en el Gimnasio Coliseo 94. Toni era tranquila pero atrevida y divertida a la vez. Era una mujer filipina de estatura pequeñita, pero en forma, con el pelo largo y oscuro. Disfrutamos mucho estando con Toni porque era una mujer muy noble y quería aprender de nosotros, casi tanto como nosotros esperábamos aprender de ella. Todos seguimos bebiendo y riendo mientras Terrance bromeaba sobre el baile de Zipporah. Así que la fiesta resultó todo un éxito y todo el mundo parecía muy satisfecho. Al mirar a mi alrededor pude percibir que cada persona en esa sala era un reflejo de nuestro crecimiento y propósito aquí en España. Ya sea mi pasado, presente o futuro, sabía que cada evento en el que participaba se quedaría para siempre en mi corazón y cabeza. Jessica era un reflejo tanto de mi pasado como de mi presente. Era la esposa de un militar estadounidense. Era puertorriqueña americana y tenía cuatro hijos hermosos. Su marido, Karlos, también era puertorriqueño. Ambos eran de Virginia Beach y su matrimonio fue el de una unión del tipo "mejor amigo". Jessica mencionaba constantemente lo impresionada que estaba por lo rápido que nos integramos con los lugareños. Hablar toda la noche con Jessica me dio la certeza de que sería una amiga para toda la vida.

    Me reí tanto esa noche que me dolía la barriga . Nuestra amiga afro dominicana estaba ahí, y ella fue cómplice de mi diversión. Se llamaba María y también era una madre fuerte, impresionante y valiente. Decía lo que pensaba y tenía gran sentido del humor. Tenía una personalidad agresiva, pero a la vez dulce. Cuando ella y Zipporah se juntaron fue como un espectáculo de comedia en vivo sin accesorios. Ambas gritaban, reían y bailaban todo el tiempo. Nuestros lazos como tres fuertes mujeres negras internacionales eran inquebrantables, y todo el mundo podía verlo. Mientras nos preparábamos para salir de casa a la calle, todos bebíamos tragos de whisky, y le dábamos la bienvenida a nuestra nueva vida en España y a nuestras nuevas amistades.

Finalmente, todos salimos y bailamos. Toni y Terrance se fueron temprano porque Terrance tenía que trabajar al día siguiente. Terminamos en un club con buen ambiente, con un público más joven al que apodamos "The Dungeon". Este club era grande, con luz tenue y poseía un diseño antiguo. La música era perfecta y todos danzábamos aquella noche. Isabel fue la primera en irse. Y así, cada uno se marchó poco a poco. La dominicana María y Jessica se fueron juntas porque vivían cerca la una de la otra. Amos y yo tampoco nos quedamos atrás, ya que nos fuimos poco después de María y Jessica. Sin embargo, antes de irme, aparté a Antonio hacia un lado.

"Me voy a mi casa... por favor cuida de mi hermana", le supliqué en privado en español.

Aunque Antonio era el más joven del grupo, parecía ser uno de los más maduros. Pude ver en sus ojos que él cumpliría mi ruego y se aseguraría de que Zipporah estuviera bien. Sin mencionar el hecho de que la adoraba. Así que me despedí de todos y caminé a casa junto a Amos. Era otra noche para guardar en mi diario. De regreso a casa, le expresé a mi marido, lo orgullosa que estaba de mi hermana por dar este paso en su vida con nosotros y crecer tan rápido espiritualmente. Ella hizo amigos, consiguió su propia casa y comenzó a viajar por España. Estábamos felices de que Zipporah estuviera con nosotros, y esperaba con ansias ver crecer nuestra hermandad y tribu.

Capítulo 2:

España a través de los ojos de mis hijos afroamericanos

Lo primero que hice cuando llegamos a España, fue buscar una escuela para mis hijos. Amos y yo queríamos asegurarnos de que se conectaran con la cultura de este país. Acordamos que era el momento de que Amari asistiera a clases; sin embargo, yo no estaba lista para mandar a Aaron a la escuela, hasta que Dios me habló. Amari tenía ocho años de edad, cuando llegamos a España y desde los cuatro le había educado en casa. Él estaba muy adelantado mental y espiritualmente para su edad y yo pensaba que el sistema escolar no lo educaría de la misma manera que yo lo hacía. Sin embargo, pronto me di cuenta de que mi falta de fe basada en nuestras experiencias era por nuestra experiencia con el sistema educativo de Estados Unidos. Yo fui criada por mi madre que era maestra y universitaria, y por mi padre, que a pesar de no tener una educación profesional, era dueño de su propio negocio. Mis padres no confiaban en el sistema escolar, por ello mi madre se hizo cargo de la educación en casa de mis hermanos y mía durante cinco años. Este acto de valentía de mi madre nos enseñó a todos no sólo la fe en Dios, sino que también nos permitió conocer a personajes históricos, científicos, etc., de nuestro color que hicieron grandes aportaciones en la sociedad. Sin embargo, esto cambió pronto debido a razones financieras, por lo que mis hermanos y yo tuvimos que asistir a una escuela pública. Recuerdo tanto los buenos tiempos como los malos, pero lo más importante es que recuerdo las muchas lecciones que aprendí, las cuales no podría haber recibido en casa. Por esa misma razón fue que decidí que mis hijos asistieran a clases en una escuela. Sin embargo, esta escuela tenía que estar a la altura de mis estándares maternos, y así fue de hecho, la escuela de Salesianos superó mis expectativas. Después de tomar esta decisión, me comprometí a involucrarme con las actividades escolares de mis hijos. Y no fue difícil, pues la escuela fomentaba la participación de los padres. Recuerdo los muchos proyectos, obras de teatro, reuniones y actividades en las que participé. Disfruté ese cambio en mi vida y estaba segura de que mis hijos también. Sabía que mis hijos se enfrentarían a los obstáculos de no sólo ser angloparlantes, sino también como niños negros. Sabía que llamarían la atención de muchos niños y padres, ya fuese por su color de piel, creencias cristianas o por la textura de su piel y estilo de sus cabellos. Suena extraño para un lector que no ha vivido en el extranjero como una familia negra, pero con mis experiencias pasadas, yo si era consciente de ello y estaba lista para enfrentarlo.

Recuerdo que días después de las vacaciones del Día de Acción de Gracias comprobé, con mis propios ojos y por vez primera, que mi hijo Aaron estaba siendo tocado y admirado por su aspecto distinto. Acababa de recogerle de su clase y nos dirigíamos hacia el patio a través de los pasillos para pasar a recoger a Amari, pues su salida era quince minutos después de la de los niños pequeños. Mientras caminábamos hacia su aula, noté que un grupo de madres se agruparon. Todos escuchaban hablar a Stella, la madre del nuevo amigo de Amari, conversando con las otras señoras y de repente, su atención se rompió y Stella se giró para vernos. Era la primera vez que veía a Aaron y vi como sus ojos se iluminaron a la vez que abrió sus brazos para darle la bienvenida con amor y adulación. Aaron me soltó y corrió hacia ella. Ella lo abrazó. Las otras madres se quedaron maravilladas con este encantador gesto. Este intercambio de amor entre Stella y Aaron parecía ser una invitación no verbal para el resto de las madres a saciar su curiosidad. En consecuencia, todas las madres rodearon a Stella y poco a poco comenzaron a tocar y frotar sus dedos por su pelo. Casi siempre odié que la gente tocara mi cabello o el de mis hijos, pero en ese momento me sentí diferente, no era como en el pasado. Me di cuenta de que la mayoría de estas madres nunca habían estado lo suficientemente cerca de un «*Negrito Americano*» hasta el punto en que podían sentir la textura de nuestro cabello. Entonces, ahí estaban frotando su cabello con silenciosas exclamaciones de asombro. Este momento fue molesto pero hermoso al mismo tiempo. Me recordó cuando vivíamos en Turquía. Muchos de los ciudadanos turcos caminaban hacia mi hijo Amari, que era sólo un bebé en ese momento, y le besaban la cara. Siempre odié que la gente hiciera eso porque creí que era un poco asqueroso y grosero. Pero en retrospectiva, preferiría que una cultura nos aceptara con amor y no con odio, y ese momento estuvo lleno de afecto.

Me sentí más orgullosa e impresionada por mis hijos, quienes evolucionaban constantemente durante su primer año escolar; hacían nuevas amistades y enfrentaban el cambio con gratitud. Estaba preparada para los cambios físicos y psicológicos de Amari. Él nunca había estado en una escuela antes, y ahora estaba segura que se había convertido en uno de sus lugares predilectos. Nos sorprendió que aprendiera español en muy poco tiempo, y también que empezará a hablar francés. Hizo amigos y compañeros muy rápido, y eso nos hizo felices a mí y a Amos, ya que nos preocupábamos por su nivel de madurez y su voluntad de permanecer fuerte y tranquilo ante situaciones apremiantes. Sin embargo, Amari nos demostró lo contrario, que era fuerte y estaba listo para el cambio. Muchos de los niños de su edad les hablaban a sus padres como si fueran sus iguales, pero Amari estaba educado de forma diferente. También tenían más libertad y comenzaban a pasear sin sus padres por las calles, incluso al anochecer y bebían en los bares de la ciudad como si fueran adultos. Esta era la cultura de aquí y la respeté, aunque también respeté mis creencias y mantuve mis enseñanzas de vida con mis hijos.

Una observación interesante sobre los niños en España es que en cierto modo son muy maduros, especialmente las niñas, por supuesto. Amari tenía sólo ocho años y pensé que aún faltaba para que llegara a casa y chalara sobre las chicas. Sin embargo, para mi sorpresa, estaba equivocada. Después de unos cuatro meses de vivir en España y asistir a la escuela, me di cuenta que Amari se sentía lo suficientemente cómodo con el idioma y la cultura para cambiar su enfoque a algo para lo que no estaba preparado: ¡chicas! Un día, Amari llegó a casa y nos habló de Greta, una compañera de su clase que le gustaba. Estaba un poco sorprendida, para ser honesta. Recuerdo sentir miedo, pero al mismo tiempo estaba interesada en la confidencia de mi hijo y en saber cómo era Greta. Nos contó que no sólo era lista, sino que siempre estaba dispuesta a ayudarlo en la escuela. A medida que los sentimientos de Amari continuaron desarrollándose, también lo hizo la amistad y el vínculo entre él y Greta. Esto dio lugar a que nuestras familias se volvieran más cercanas. Siempre recordaré la vez que tuve la inquietud de aprender a trenzar el pelo con mi hermana, y es que precisamente fue con Greta con quien lo conseguí. Recuerdo que ella y sus padres vinieron a nuestra casa para que yo aprendiera a trenzar en su precioso pelo castaño, mientras observaba como lo hacía Zipporah. La verdad es que todo empezó cuando un día Greta vio que Zipporah le había trenzado el cabello a otra compañera de la escuela, y le preguntó a Amari cómo podía trenzar el suyo. Amari se emocionó y se aseguró de que le trenzaran el cabello, claro, estaba enamorado. Consciente de la fecha, Amari generó un plan completo con la ayuda de D'iona, para pedirle a la pequeña Greta que fuera su novia. Zipporah y yo tratamos de explicarle que aún eran jóvenes y que no debían preocuparse por el noviazgo, que mejor fomentaran su amistad. Su mente no estaba dispuesta a comprender ni prestar atención a nuestro consejo, así que no insistí, porque conocía ese sentimiento, ya que una vez fui una niña enamorada; así que le dejé experimentar este momento y le di consejos cuando lo necesitaba.

El año escolar continuó y también la participación de los padres. La Navidad estaba cerca, y la escuela se preparaba para el festival en el que habría villancicos y mucho más. Mis hijos adoraban la escuela y las muchas actividades en las que participaban. Su felicidad era mi alegría, me daba confianza y aliento cada día. El 17 de diciembre de 2018 fue el gran evento navideño y todos los niños estaban entusiasmados. Fue un evento anual para que los niños de la escuela primaria cantaran villancicos para el personal de la escuela y los padres. Los niños más pequeños llevaban trajes de diferentes tipos, creados y diseñados por sus padres. Los compañeros de Aaron estaban disfrazados de árboles de navidad. ¡Todos se veían tan adorables! Cristina tuvo la amabilidad de encargar el disfraz de Aaron a su suegra, y nosotros se lo agradecimos. Aaron se había puesto enfermo la noche anterior, sin embargo, hice todo lo posible para que el médico lo ayudara, ya que mi hijo tenía muchísimas ganas de participar en el festival. Esa mañana cuando lo vestí con el disfraz de árbol navidad, se veía muy tierno. Llevaba calcetines marrones, un suéter verde de cuello alto y su cuerpo era el árbol de Navidad, revestido con adornos y purpurina; por último su sombrero era una estrella dorada que lo superaba todo. Mientras acompañaba a Aaron hasta su clase, todos lo miraron asombrados. Lo dejé en su clase, y me dirigí a la iglesia de la escuela donde los niños iban a hacer la presentación. Los padres esperaban ansiosos a que comenzara el evento, mientras los niños y profesores hacían los últimos arreglos.

Durante la espera, pude escuchar los diferentes acentos que tenían los presentes. De repente, mis amigos españoles comenzaron a señalar a una familia estadounidense frente a nosotros. Giré en la dirección que apuntaban sus dedos y me presenté a una familia estadounidense formada por Karlos y Jessica. Recuerdo sentir alivio cuando los conocí ya que podíamos hablar nuestro idioma cómodamente, reiríamos y haríamos planes para nuestros hijos. Intercambiamos nuestra información y nos despedimos con dos besos. Este encuentro con Karlos y Jessica pronto se convirtió en un estrecho vínculo familiar.

Las puertas finalmente se abrieron y todos entramos en el auditorio para sentarnos en los mejores lugares. ¡El interior de la iglesia era precioso! Luces, música y decoraciones llenaban cada espacio. Cuando Aaron salió con su clase estaba un poco nerviosa. Pero cuando empezaron a cantar y bailar, Aaron se iluminó al cantar todas las canciones y bailar. Estaba disfrutando mucho a pesar de su pequeño resfriado. En ese momento, me emocioné un poco porque vi cómo Aaron estaba cambiando, mejorando, progresando y socializando. Esto fue simplemente increíble para mí y quería que Amos lo viera; por lo tanto, como la mayoría de los otros padres, saqué mi teléfono y grabé cada momento de la actuación de mi hijo.

Como Charles Dickens escribió una vez: "Fue el mejor de los tiempos, fue el peor de los tiempos". Lo mejor de mis hijos aquí en España sin duda superó a los peores tiempos. Pero cuando los malos tiempos se presentaban...me molestaban; no obstante, sabía que enseñaban lecciones. Sabía que Amari tendría compañeros que lo amarían y otros que lo odiarían. No sólo por sus defectos de personalidad, o su fuerza de voluntad para ser el mejor, sino simplemente porque él era distinto. El primer conflicto de Amari fue con un niño pequeño y problemático llamado Paco. Amari tuvo muchas situaciones difíciles con este chico y muchas veces quise intervenir. Sin embargo, sabía que era importante para él aprender lecciones a través de estas experiencias con Paco, y que Amos y yo sólo podríamos darle consejos.

La primera vez que escuché sobre Paco Gómez fue un día en particular en la escuela cuando fui a por Amari. Él bajó las escaleras llorando y al instante quise saber qué sucedía. Mientras caminábamos lentamente hacia casa, Amari me contó cómo un muchacho de su clase lo había golpeado sin razón aparente. Amari me dijo que en realidad Paco quería golpear a otro niño, pero que éste se había quitado y el golpe lo había recibido mi hijo. Le dije que la próxima vez se defendiera y usará la fuerza que Dios le había dado. Mientras caminábamos por el callejón pude oír pasos detrás de nosotros. Una pequeña voz dulce comenzó a gritar en nuestra dirección.

"¡Amari! ¿Qué pasó? ¿Estás bien?". Eran Natalia y su hija Greta, caminando hacia nosotros. Greta le había contado a su madre lo que pasó y querían saber cómo estaba Amari. Caminamos lentamente por el callejón hacia casa mientras Greta cogía el brazo de Amari. Entonces Natalia me miró e intentó explicar lo sucedido. Me dijo que el niño era problemático y que además tenía problemas. Mientras la escuchaba, Natalia reconoció la "calidez de mi corazón" en mis ojos. Luego comenzó a explicar cuán simpática es Greta y lo preocupada que estaba cuando vio lo que había sucedido entre su nuevo mejor amigo y Paco. Agradecí tanto a Natalia como a su hija Greta por su cariño y preocupación. Fue entonces cuando Amari se enamoró de Greta. Escuchar estas palabras salir de la boca de mi primogénito me erizó la piel, pero también estaba orgullosa de que él se interesara por las mujeres desde una edad temprana. Amari es respetuoso, cariñoso, gentil y dulce. Estas cualidades hacen que otros chicos sientan celos, por ello tuvo que aprender a defenderse física, verbal y mentalmente. Amos consideró conveniente enseñar a Amari algunos movimientos defensivos para ayudarlo a tener más confianza en sí mismo cuando surgiera un conflicto.

Amari ha hecho muchos amigos y le permitimos pasar tiempo con ellos. Me di cuenta que Amari tenía problemas con niños conflictivos, ya fuera en el parque, en la piscina o en el centro. Algunos eran mayores, otros más jóvenes y otros de su edad. Mientras tanto, Paco Gómez se estaba convirtiendo en una espina clavada en el costado de Amari. Su discapacidad mental o conductual parece excusarlo de ciertas medidas disciplinarias que reciben otros niños. Cuando Amari comenzó la escuela, su padre tuvo una conversación de corazón a corazón con él. Una de las cosas que Amos quería que Amari entendiera es que no a todas las personas les agradaría. A lo largo de las anécdotas que Amari compartió conmigo sobre Paco Gómez, parecía evidente que éste sentía envidia por mi hijo, o quizá quería ser su amigo, pero debido a sus problemas de comportamiento, no sabía cómo expresarle ese deseo a Amari. Es difícil saberlo con los niños. Después de la primera vez que Paco golpeó Amari, Amos le dijo que siempre estuviera alerta con este niño en particular. Amari cumplió, semanas después me contó cómo Paco se acercó a él en medio de la clase. Todos los demás niños observaron tranquilamente mientras anticipaban lo que venía. Paco Gómez estiró el cuello, los brazos y los nudillos como si estuviera a punto de entrar en una pelea. Acto seguido, enroló su brazo hacia atrás en preparación para golpear a Amari tan fuerte como pudiera. Sin embargo, a medida que el puño de Paco se acercó, Amari se preparó. Durante unos segundos Amari apretó el puño de Paco mientras consideraba golpear a Paco en la cara. En cambio, Amari lanzó su puño con fuerza para decirle no verbalmente: "No te metas conmigo". Después de esto, Paco regresó a su asiento. Iván Luis, uno de los compañeros de clase más cercanos de Amari estaba estupefacto, al igual que los otros niños. Entonces Greta comenzó abruptamente a decir el nombre de Amari. "¡Amari! ¡Amari!". Greta cantaba con orgullo mientras otros niños se unieron a ella. Toda la clase estaba ahora gritando el nombre de Amari por su valentía frente a Paco. Amari me dijo que fue en ese momento cuando se dio cuenta de que Greta también estaba enamorado de él. Me sorprendí al escucharlo, pues tenía tan sólo ochos años. Sonaba como un hombre joven enamorado; aun así, era un poco aterrador. Tenía sentimientos agridulces al escuchar acerca de las luchas de Amari con los problemáticos; sin embargo, era optimista acerca de mi hijo y su fuerza de voluntad para permanecer persistente en su necesidad de defenderse con palabras, y con los puños cuando fuera necesario. Amos y yo siempre le hemos dicho a nuestro hijo que los golpes son el último recurso.

Amari también me contó de una época en la que Paco Gómez se burló de todos los chicos de la clase. Él estaba diciendo los nombres de todos, pero cambiando las palabras de masculino a femenino para insultarlos.

"Eduarda, Pelaya, Iván Luisa", así se burlaba Paco Gómez. Uno de los muchachos, Eduardo, intentó defenderse e hizo lo mismo que el molestón.

"Paca"; dijo Eduardo con fuerza y orgullo.

Creía que había ganado esta batalla, pero Paco era más despierto y replicó:

"Eduardita".

Con vergüenza en sus ojos, Eduardo se rindió mientras encogía sus hombros. Por su parte, Paco reservó el final para Amari.

"Amara"; se burló Paco.

"Paca "; respondió Amari.

"Amarita"; contestó apresuradamente Paco.

"Paquita "; respondió Amari con calma.

Sin saber qué más decir, Paco respondió: "Amaritita".

Amari, confiado en que tenía un as bajo la manga, replicó: "Paquitilita ".

La habitación se quedó en silencio mientras todos los chicos miraban expectantes. Paco no supo qué contestar y se rindió. Me emocioné como si estuviera viendo un partido de baloncesto. Estaba tan orgullosa de mi hijo por no ceder a la ignorancia de este chico, porque no sólo se defendió a sí mismo, había defendido a sus compañeros. Su victoria fue la de todos.

Aunque Amari conoció a muchos chicos problemáticos, también hizo bastantes amigos. Los amigos que Amari eligió eran buenos hijos y todos eran leales. El compañero de clase más íntimo se llamaba Iván Luis, un buen chico, dulce, elegante, un tanto tímido y a su vez fuerte y seguro de sí mismo. Creo que eso fue lo que les atrajo al uno del otro. Me alegró saber que Amari pasó la mayor parte de su tiempo en la escuela con niños de buen comportamiento. Sentía la misma alegría que sus compañeros de clase. Por ejemplo, una tarde Amari vino enojado, tenía la voz temblorosa.

"Paco Gómez está tratando de poner a mi mejor amigo, Iván Luis, en mi contra", nos dijo a D'iona y a mí.

Sorprendida pero confundida por las palabras que expresó, le pregunté lo siguiente: "¿Por qué dices eso Amari?".

"Porque ayer en la escuela le oí susurrar a Iván Luis: 'No necesitas jugar con Amari porque él es malo'".

"¡Mentira! "Él es muy bueno"; respondió Iván Luis con frustración y pasión en su voz.

Amé al pequeño y gentil Iván Luis, incluso más de lo que sentía antes de que Amari me contara esa historia. Le expliqué a mi hijo que no debía permitir que las mentiras de un niño con problemas lo preocuparan. Le expliqué que en la vida se presentarían situaciones que le demostrarían quiénes serían sus amigos y quiénes no. Amari supo entonces que Iván Luis era un buen amigo, y se puso feliz. El mismo incidente ocurrió con los otros dos amigos de Amari, Pelayo y Greta. Sin embargo, Pelayo y Greta no sucumbieron a su mentira y mostraron lealtad a Amari. Sabía que seguiría teniendo problemas con ese niño, por lo que tomé una decisión, hablaría con la mamá de Paco

Gómez. Me estaba cansando de oír que este chico acosaba a mi hijo. Porque su acoso no cesaba, y ya había conocido la rabia y el coraje de un niño negro. Creo que Paco Gómez supo que las palabras son la debilidad de Amari. Verán, Amari tenía problemas con controlar su ira, incluso cuando era un niño pequeño. Siempre ha sido de mecha corta y pensaba en ello constantemente cuando escuchaba las burlas de Paco. Sin embargo, Amari era como un "gigante gentil", un poco sensible y no le gustaba pelear. Físicamente era como su padre, fuerte y grueso. Un aspecto de Amari era que sabe la fuerza que posee y hace todo lo posible por no usarla. En cambio, expresa su ira a través de lágrimas, su obra de arte o su actuación. En el pasado, a veces gruñía para sacar su frustración. En mi opinión, ésta era una muestra de ira poco saludable y quería que Amari aprendiera a controlar sus emociones. Les enseñamos a nuestros hijos que las emociones están diseñadas genéticamente en nuestro ser para sobrevivir, que debemos usarlas y responder de la manera correcta. Por otro lado, al ver esta situación con positividad, estoy muy agradecida por el papel que desempeñó Paco Gómez en la vida de Amari. Porque creo que el comportamiento de Paco estaba enseñando a Amari a conservar la calma y controlar su ira. Lo que más enfureció Amari eran los chistes que Paco Gómez haría sobre su madre. Supongo que es una regla universal no escrita que los chistes de madres no son graciosos en absoluto. Paco Gómez lo llamó "Hijo de puta". Amari sintió que un estruendo retumbó en su interior.

Como respuesta, gruñó con fuerza frente a Paco. "¡PARAAAA!", Amari apretó su puño con fuerza y fue entonces cuando de repente, Iván Luis intervino entre ellos y le dijo a Amari. "¡¡No, no, no...!! "Él no está bien"; exclamó Iván Luis consternado. Pues podía ver a su mejor amigo irritado por Paco Gómez. Pelayo y Eduardo también repetían lo mismo. Advirtieron a Amari que no lo golpeara porque Paco estaba mal. Él les hizo caso y no lo hizo, se alejó en silencio sintiendo rabia en su interior, furioso porque Paco Gómez se había metido con su madre.

Los momentos entre ambos hacían que Amari reprimiera su ira. Se estaba convirtiendo en una mejor versión de sí mismo. Un día le comenté que había conocido a la madre de Paco y que quería informarle del comportamiento de su hijo. Amari me pidió que no lo hiciera. Me convenció de que podía defenderse solo, y que después de que Paco se había enterado de su condición las cosas serían diferentes.

Desde hace meses estoy preocupada por la relación entre ambos. Hoy Amari llegó a casa y me contó lo que pasó entre ellos. Me explicó cómo Paco Gómez fue también a por Greta, intentando lastimarla. Lo que sucedió fue que Amari y Greta estaban sentados juntos en clase trabajando. De la nada, Paco Gómez se aproximó lentamente hacia ella mientras se quebraba los nudillos, preparándose para golpearla. Levantó su puño apretado y lo lanzó contra la pequeña. Rápidamente, Greta se encogió sobre su escritorio para cubrirse del golpe. Antes de que esto sucediera, Amari se adelantó y frenó el golpe. Sin pensarlo dos veces, Amari golpeó a Paco en la cara. Conmocionado y enojado, Paco Gómez se alejó cubriendo su cara por el dolor.

"¡Oh, gracias, Amari!". Greta expresó ruborizada. Aunque mi familia y yo no toleramos la violencia, excepto cuando es en defensa propia, debo admitir que estaba orgullosa de la acción de mi hijo. Percibía que Amari estaba harto de las actitudes de Paco, sin importar si estaba mal de su cabeza o no. No permitiría que lastimara a su amiga. Desde entonces, escuché menos de Paco Gómez. Me sentí aliviada al saber que mi hijo estaba creciendo y madurando. No quería preocuparme tanto por él, y necesitaba concentrarme en llevar a D'iona a la escuela.

Era Año Nuevo de 2019, habían pasado ya seis meses desde nuestra llegada a España. Las lecciones de español de Abi con Tina iban muy bien, Aaron estaba involucrado con su vida académica, mientras que Amari aprendía rápidamente. Cada día eran más maduros y se adaptaban mejor al cambio. Esto me hizo sentirme nostálgica; sin embargo, me preocupaba mi pequeña princesa D'iona. Interpretar el papel de sus padres trajo muchos obstáculos. No sólo D'iona no iba a la escuela, sino que también mostraba un comportamiento demasiado sensible. Antes de aceptar traerme a D'iona durante un año para ayudar a mi hermana mayor, Keturah, oré por ello. No sólo Dios respondió a mi oración, sino que también me dio la fuerza para soportar este reto. D'iona estaba en una encrucijada en España. Ella era tres años mayor que Amari, esto la convertía en la hija mayor de la casa; éste fue un cambio importante para ella, ya que era la única hija que mi hermana Keturah tenía. En realidad, este cambio, al igual que los otros, la frustraba. Odiaba estar en casa todo el día con Abi, echaba mucho de menos a su madre y no se estaba adaptando bien a España. Llegué a la conclusión de que no era feliz, y que nunca lo sería sin su madre. Lo comprendí, por ello junto a Amos y Zipporah, trabajé para que D'iona se sintiera amada y aceptada aquí. D'iona me dijo que disfrutaba del tiempo con sus primos, y le gustaba vivir en España, pero quería asistir a la escuela. D'iona se crió yendo a la escuela pública; por lo tanto, éste fue el tiempo más largo, además de las vacaciones de verano, que no asistió a la escuela. D'iona es una pequeña reina sabia, inteligente y divertida, y me encantó tenerla aquí con nosotros en España. Debido a las circunstancias con mi hermana, los trámites necesarios para inscribir a D'iona en la escuela se retrasaron. Sin embargo, estaba decidida a ejecutar mi plan para conseguir que mi princesa asistiera a la escuela, así que decidí buscar alternativas. Con la ayuda de mis amigos locales pude lograr ese objetivo. D'iona entró a la escuela una semana después de que presentara el papeleo solicitado; ella estaba más alegre. Los Salesianos no sólo encontraron un lugar para DD, sino que otro padre de familia nos obsequió unos uniformes que le quedaban a la perfección. Según el sistema escolar de Estados Unidos, D'iona tenía que estar en quinto de Primaria, pero la escuela me informó que de acuerdo con su fecha de nacimiento, tendría que ir a sexto. . Tanto ella como yo, nos angustiamos; sin embargo, no había otra opción y así se hizo

Unas cuantas semanas transcurrieron antes de que me reuniera con su profesora. Estaba muy orgullosa de mí por tomar la iniciativa de hacer que esto sucediera, y por esa razón, y otras, me entusiasmó conocer a la persona que iba a enseñar D'iona. Después de su primer día de clases, la maestra, Celeste Martínez, organizó una reunión de maestros y padres conmigo.

Marqué la fecha en mi calendario y me preparé. El día de la reunión me vestí, me aseguré de que todos los niños fueran bañados, y preparé sus uniformes para el día siguiente. Me dirigí a la escuela un poco temprano, pues no sabía cómo llegar a la clase de DD. Luego me vi obligada a charlar en video con D'iona para que ella me guiara al aula ; era algo cómico. Finalmente, llegué y saludé a su profesora con el tradicional beso. Me pareció una mujer agradable. Me sorprendió lo bien que hablaba inglés, eso me alivió. De las primeras cosas que me contó, fue que en el pasado había vivido en América. Le pregunté en qué Estado y ella me respondió que en Fort Worth, Texas. Pensé para mí misma: "Vaya, de todos los lugares, Fort Worth, Texas, un lugar donde tanto DD como su madre habían vivido durante años". Al inicio de nuestra reunión me pidió que le compartiera la información sobre mi sobrina, así como sus antecedentes. Celeste quería conocer mejor a D'iona porque esto la ayudaría a enseñarle mejor a esta joven estadounidense que sólo hablaba inglés. La Srta. Martínez me aseguró que no estaba entrometiéndose y que lo que pretendía era pedirme ayuda a nivel particular. . Hablamos sobre el estado de DD mientras hacíamos una lluvia de ideas para buscar soluciones. Estaba un poco preocupada por la timidez de D'iona, pero le aseguré que se convertiría en una niña completamente diferente cuando se sintiera cómoda en su entorno. Como he mencionado anteriormente, D'iona es muy inteligente y sabia, y yo tenía mucha confianza en su progresión viviendo aquí en España. Finalmente, nuestra conversación cambió lentamente a nuestras historias de vida a medida que ambas fuimos encontrado algunas pautas de acción con D'iona. También me pareció angelical, coincidente y ligeramente cómico que Celeste fuera elegida para ser la maestra de D'iona. Curiosa por saber más sobre la vida de Celeste Martínez en América, empecé a interrogarla. Ella compartió con mucho gusto sus experiencias conmigo y yo las mías. Explicó sus momentos más difíciles y cómo era difícil para ella conectar con los estadounidenses. Esta fue una declaración común que escuché de muchos otros españoles. La mayoría de los españoles con los que conversé sobre su experiencia viviendo o visitando los Estados Unidos han expresado algo negativo sobre la gente. Creían que muchos estadounidenses eran cerrados y que era difícil poder conectar con ellos. En esto estaba de acuerdo en cierta medida. Siempre he dicho: «No puedes juzgar a muchos por unos pocos.» Fue entonces cuando me di cuenta de lo importante que era conectar con esta maestra en particular. Continuamos disfrutando de nuestra conversación, pero la reunión estaba terminando. Intercambiamos números e hicimos planes para reunirnos nuevamente. Me alegraba saber que la maestra de D'iona era una persona inteligente, abierta, amable, comprensiva y experimentada. Ella era lo que D'iona necesitaba.

Era la segunda semana de escuela de D'iona y le encantaba. Estaba haciendo muchos amigos y estaban felices de ayudarla. Estaba específicamente entusiasmada por el Día de San Valentín y las muchas actividades planeadas en la escuela. Este día en particular de los enamorados Amari vino a mí con una muestra de madurez para decirme que quería comprar unas rosas para la persona que quería. Así que le pregunté cuántas rosas deseaba comprar. Dijo: "tres". Antes de comprar las rosas para Amari lo desafié a resolver un problema de matemáticas, algo que siempre hice con Amari cuando le daba clases en casa. Tenía que resolver el problema antes de que le diera los euros. Quería que mis hijos se hicieran independientes y conocieran las rutinas cotidianas. Empecé con la pregunta mientras Amari y yo nos paramos en la acera frente al puesto de rosas.

«Si el vendedor vendiera cada rosa por dos euros y quieres tres, ¿cuántos euros necesitas?»

Pensó el problema y luego comenzó a resolverlo.

«Tres rosas por dos euros cada una» —Amari comenzó a reflexionar más— «equivale a seis euros, ¡necesito seis euros!» proclamó con entusiasmo.

Le sonreí con orgullo y recompensé su respuesta correcta con los seis euros. Amari se acercó a un hombre mayor que estaba vendiendo rosas en una esquina y compró sus tres rosas. Más tarde ese día, le pregunté a Amari cómo le fue con las rosas y con Greta. Me dijo que Greta estaba sorprendida y agradecida. Le pregunté a D'iona cómo fue su día con las actividades escolares y me contestó mostrándome una bolsa llena de golosinas de San Valentín, mientras Aaron nos miraba comiendo las chucherías que había recibido. Abi cogió algunas de esas golosinas bajo el previo permiso de DD. Todos los niños pasaron un hermoso, emocionante y feliz día.

Mi marido y yo no celebramos los días festivos, pero permitimos que nuestros hijos disfrutaran de su juventud participando en las diversas festividades de cada fiesta. Utrera era un pueblo animado y lleno de festividades, una de las cualidades más preciadas de este pueblo. Aprecié la ética familiar en este lugar y la necesidad obligatoria de colocar a los niños en primer lugar. Los niños de Utrera mostraban signos de alegría cada vez que los observaba en el parque, restaurantes, o simplemente al aire libre jugando y socializando unos con otros. Mis dos más pequeños eran como pegamento en nuestro primer año aquí, pero Amari se metió profundamente en la rutina y en el estilo de vida de Utrera. La mayoría de los días se le permitió pasar el rato con amigos, siempre y cuando completara su tarea y la mayoría de los fines de semana. No sólo desarrolló amistades en la escuela, sino que también las hizo fuera de la escuela. En la temporada de invierno, el lugar favorito de Amari era el parque. La mayoría de los fines de semana salía fuera toda la tarde. D'iona era más bien una persona hogareña; por lo tanto, la mayoría de los días se quedaba en casa conmigo. Después de muchas tardes y noches de Amari aventurándose al parque, empecé a escuchar historias sobre otro bully. Me indigné al escuchar sus encuentros con este chico en particular. Sin embargo, permanecí fiel y tranquila mientras Amari compartía conmigo sus aventuras. Este chico aparentemente vivía en nuestro vecindario. La primera vez que Amari lo vio se dirigía a casa. Caminaba solo a casa desde el parque local y vio a una familia que lo pasaba. Se dio cuenta de que un niño de su edad le miraba. Amari simplemente le devolvió la mirada.

De repente el niño levantó ambos brazos y dijo: «¿Qué pasa, gilipollas?» en su acento andaluz.

Me encantó que mi hijo fuera cada vez más independiente y fluido en el idioma; sin embargo, nunca quise que aprendiera malas palabras o experimentara este tipo de comportamiento de otro niño. Pero sabía que era su camino a seguir y que esto sólo lo endurecería. Además, escuchar a Amari imitar a este chico mientras dramatizaba cada escena, honestamente me dio la necesidad de irrumpir con una gran carcajada. Pensando en mi pasado con humor puedo recordar escuchar este saludo irrespetuoso en mi propio vecindario al crecer y eso me hizo cosquillas. Amari respondió simplemente rodando los ojos y siguió caminando.

El segundo encuentro de Amari con este chico hizo que Amari regresara a casa con la mano en el oído de dolor. Le pregunté que qué había pasado y me contó lo que le había pasado casi a regañadientes. Resulta que Amari estaba jugando al fútbol con sus amigos en el parque y el mismo niño se acercó a él cuando estaba solo en el campo. Se miraron el uno al otro. El chico se acercó más. ¡De repente Amari sintió un fuerte dolor en el oído derecho! El chico le propinó una especie de "movimiento de karate de patada alta" Amari se tapó la oreja izquierda con dolor y el niño vio la oportunidad de continuar maltratando físicamente a mi hijo. Golpeó con su puño firme y fuerte en el estómago de Amari y con gran odio en sus ojos. Mi hijo se encorvó, sosteniendo su estómago con dolor mientras se levantaba lentamente. En medio segundo, Amari sintió una oleada de ira a través de todo su cuerpo. Hizo una pausa en su intento de levantarse, se volvió hacia este niño pálido, levantó el brazo derecho en alto y le dio un puñetazo en el estómago tan fuerte como su ira le permitió. Sorprendido por el impacto del puñetazo, el chico también se dobló de dolor. Parecía como si quisiera llorar, pero su orgullo no se lo permitiría y mucho menos hacerlo frente a Amari. El niño rápidamente cambió la cabeza hacia el otro lado y rápidamente se alejó mientras todavía estaba encorvado, sosteniendo su estómago con dolor.

En aquella época, me ponía nerviosa porque Amari iba solo al parque. Le dije a D'iona que quería que hiciera un esfuerzo para acompañarlo al parque más a menudo. La tercera vez que Amari se encontró con este mismo niño fue en el parque con D'iona. Se encontraron con un grupo de adolescentes mayores que estaban intrigadas por Amari y D'iona. Este grupo quería saciar su curiosidad, por lo que se acercaron con Amari y D'iona haciéndoles muchas preguntas. Mientras tanto, el niño notó la atención que Amari estaba recibiendo. En lugar de dejarlo ir, el chico usó esta atención como una oportunidad para avergonzar a Amari. Poco a poco se acercó hacia Amari mientras miraba de reojo. Sin saber qué esperar, Amari cambió su posición en otra más defensiva, así que cuando el muchacho se acercó lo suficiente mientras pasaba frente Amari, rozó deliberadamente los hombros contra Amari con agresividad. Amari se mantuvo firme e intentó ignorar al niño una vez más. Pero como el chaval era algo insistente, se puso a caminar lentamente detrás de mi hijo, y cuando hizo el intento de empujarlo, Amari, anticipándose cogió su brazo y enojado lo jaló hacia abajo. Las adolescentes no se dieron cuenta del niño y le preguntaron a Amari por qué estaba tan molesto. Para ellas, su ira parecía fuera de lugar o injustificada. Rápidamente se calmó y al explicárselo, las chicas desaprobaron el comportamiento de este chico en particular. Le aseguraron que pronto se aburriría. Amari estaba harto de este chaval porque no era un cobarde.

Empezaba a dudar si mi decisión de mudarme a un pueblo tan pequeño había sido acertada, mientras reflexionaba nerviosamente sobre las experiencias de Amari. Quería hacer que esos sucesos en particular desaparecieran mágicamente del camino de mi hijo, pero no fue posible. Empecé a preguntarme si sería saludable para mi hijo estar en un lugar con personas que carecen de aceptación de la diversidad como ese chico. Sin embargo, pensé en las metas que tenía para mis hijos y me aseguré de que esto no sería para siempre. Necesitaba ser fuerte y valiente para mi familia a medida que se presentaban obstáculos y eso fue lo que hice.

Por desgracia, este tipo de experiencias no dejaron de suceder. Sin ir más lejos recuerdo cuando un día Amari caminaba solo hasta el parque cuando se encontró con una gran *pandilla* de diez o doce adolescentes.

"¡Mira a este pequeño enano!" Amari escuchó a uno de ellos expresarse en su jerga nativa. Amari sabía que se referían a él.

De repente, todos comenzaron a cantar en voz alta: «¡*Vete para África! ¡Vuelve a África!*» Este grupo de adolescentes se volvió cada vez más hostil y lleno de odio hasta acabar gritando.

Amari dijo que se sentía enojado y molesto. «¡Porque ni siquiera hice nada malo, mami!» expresó Amari con agitación.

Mi corazón se quebrantó cuando hizo esta declaración, pero él les ignoró y siguió hacia el parque y eso fue un signo de fuerza que admiré de él. Su padre le explicó que como Utrera es un pueblo pequeño muchos de los adolescentes no están acostumbrados a ver cierta diversidad. Me di cuenta que eran sólo adolescentes, todavía niños, mientras me visualizaba abofeteando a todos. Sin embargo, como madre haría cualquier cosa para proteger a mis hijos. Así que cuando Amari nos contó sobre este incidente, tuve que contener mi ira y lágrimas. Estos adolescentes debieron darse cuenta del hecho de que Amari era pequeño . Sin embargo, esto no les impidió atacarlo verbalmente, simplemente por el color de su piel. Me decepcionó que mi hijo tuviera que enfrentarse a la realidad del racismo y a los errores del prejuicio. En mi opinión personal, los adolescentes eran simplemente unos cobardes ignorantes. Son ignorantes al suponer que Amari es africano sólo porque es trigueño. Y unos cobardes por atacar verbalmente a un niño pequeño. Hicimos que Amari comprendiera que antes o después esos adolescentes se enfrentarían a las consecuencias de sus acciones.

«¡¡La batalla no es mía, es del Señor!!», citó Amari con aliento.

Más tarde, después de meter a los niños en la cama, Amos y yo conversamos sobre esta situación. Ambos estábamos muy aliviados y agradecidos por cómo manejó toda la situación. No quedó traumatizado por ello, ni perdió su motivación por seguir haciendo nuevos amigos. De hecho, cuando llegó a casa desde el parque esa misma noche, ni siquiera mencionó el incidente. Se vio obligado a profundizar en sus pensamientos cuando D'iona mencionó algo que le recordaba el incidente. Admito que su historia hirió mis sentimientos como una joven madre negra estadounidense más de lo que hería a Amari como un joven niño negro americano. Amos se aseguró de dejar claro a Amari que este era un ejemplo excelente de cómo a algunas personas les gustará y nos aceptarán, mientras que otras puede que no lo hagan. Alentó a Amari a que nunca permitiera que nada o nadie le impida brillar o ser una gran persona. Amari estaba aprendiendo muchas lecciones valiosas de vida a una edad tan temprana. Mientras su padre hablaba, todos los niños escucharon diligentemente y creo que todos aprendieron una valiosa lección con la experiencia de Amari. A veces son las cosas que no haces las que superan a las cosas que haces. Por ejemplo, el bully del vecindario de Amari más tarde se convirtió en amigo de nuestros tres hijos.

A medida que este tipo de sucesos de bullying o acoso psicológico a Amari disminuyeron, el horario escolar de mis hijos aumentó. Fue un placer convertirme en una madre activa en la comunidad escolar, pero también fue estresante a veces con tres niños en la escuela. Caminando hacia y desde la escuela cinco días a la semana, cuatro veces al día tenía sus pros y sus contras. Los contras son obvios, pero lo positivo fue ver a Aaron evolucionar. Con el paso del tiempo, he observado literalmente la transformación de la comunicación y la comprensión entre Aaron y su profesora. Incluso he visto cómo ha pasado a nuestro hogar a medida que su comunicación ha mejorado enormemente. Creo que Celia es simplemente una maestra increíble. Su inglés es limitado; así, cuando Aaron entró por primera vez en su aula, usó su lenguaje corporal, gestos y el poco inglés que conocía para comunicarse. Pero usó menos inglés y más español con el transcurso del tiempo. El lenguaje corporal se fue transformando en pequeñas frases en español, cada vez le hablaba más y más español a Aaron. Así que su pequeña mente absorbió rápidamente el idioma y finalmente ella podía hablar con fluidez y él entendía muchísimo más, por no decir casi todo. Ver a mi chiquitín y a su maestra avanzar tanto fue hermoso. Sin embargo, hubo momentos en los que me preocupaba que la ansiedad de Aaron se mostrara durante la escuela. Preparé fases rutinarias para Aaron y cada vez que tuviera un episodio de esos tenía que informar a Celia de ello. Sin embargo, no tenía confianza en mis habilidades con el idioma como para poder explicarle estas rutinas y ayudarla a entender el por qué. Así que, me quedé perpleja y nerviosa mientras reflexionaba sobre cómo decírselo. Durante semanas, luché tratando de averiguar cómo explicarle estas peculiaridades de Aaron. Me pregunté si debía pedir una reunión individual con Don Carlos para traducir o pedirle a una amiga como Vanessa o Celeste que me ayudaran a traducir. También pensé en hablarle yo misma con el poco español que sabía. Después de pasar varias semanas pude reunir la confianza necesaria para hablar con Celia. Una tarde, me acerqué a ella sola en el aula mientras Aaron jugaba con un amigo. Poco a poco empecé a tratar de explicarle todo en español, sin embargo, no fue necesario. Mientras chapurreaba con palabras y traducciones, noté que Celia estaba completando mis oraciones. Me sentí aliviada, feliz y sorprendida a la vez. «Vaya», me susurré a mí misma. Esta mujer conocía a Aaron como si fuera su propio hijo. En ese momento sentí que Celia era una maestra ángel enviada del cielo.

Más tarde, esa misma noche, le expliqué a mi marido mi observación y su respuesta fue sencilla. «Salesianos es una de las mejores escuelas de esta localidad. Por supuesto que contratan a los mejores profesores. La crema de la cosecha», respondió Amos con humor.

Me reí mientras pensaba que mi marido tenía toda la razón. Todos los maestros de mis hijos eran la crema de la cosecha. Aunque estoy totalmente de acuerdo con su respuesta, sabía que había un poco más en esa observación. La maestra de

Aaron, Celia, estaba usando su intuición espiritual para entender mejor a los niños y cómo lidiar con todos. Creo que es una mujer poderosa y tiene el respeto de sus alumnos y sus padres. Fui testigo de ello el primer día en que Celia aceptó el reto de enseñar a un niño de un país , cultura, y mente diferente. Lo hizo con amor y gracia. Usó todos sus recursos mentales para conseguir que la comunicación entre ellos funcionara , aunque representara un reto. Entonces empecé a apreciar más mi tiempo al recoger a Aaron del colegio al ver que cumplía con seguridad todas las instrucciones que se le daban en español. Celia trataba a cada uno de sus alumnos como si fueran sus propios hijos. Pero siempre sentí que tenía un amor especial por Aaron debido a su necesidad de requerir más atención que los otros niños. Creo que esto le ayudó a Aaron a desarrollar un vínculo estrecho y de confianza con su maestra. A menudo me preguntaba cómo se sentía la Srta. Celia al tener un alumno en su clase en el espectro autista. Me pregunté esto sobre ella. ¿Estaba nerviosa, reacia, emocionada o desanimada? Sin embargo, me gustó esta maestra para Aaron y siempre la incluía, al igual que al maestro de Amari y los maestros de D'iona, en mis oraciones.

    Era principios de marzo y el tiempo avanzaba rápidamente. A todos los niños les iba bien en la escuela, pero hoy era el día de la entrega de notas. Estaba vagamente preocupada por el informe de Amari y Aaron y honestamente, aterrada por el de D'iona. Asistí a la reunión de notas de Amari y luego a la de Aaron mientras temía nerviosamente asistir a la de D'iona. No sabía qué esperar de D'iona académicamente, aunque su madre sabía y se decía a sí misma que era muy brillante en la escuela. En este caso, se trataba de una escuela concertada de habla hispana y D'iona había comenzado seis meses tarde en un curso superior con respecto a EE. UU y posiblemente a su nivel. Sabía que hacía amigos y se estaba poniendo al corriente con la rutina escolar. Sin embargo, quería saber más. Mientras me sentaba tranquila y ansiosamente en un banco bellamente diseñado en el patio de la escuela, intenté luchar contra el nerviosismo y los pensamientos negativos sobre las notas de D'iona. Eran aproximadamente las seis y treinta y me apresuré a través de los pasillos algo oscuros de la escuela para conocer a su maestra. De repente me detuvo Celeste, la maestra de D'iona. Me pidió insistentemente que regresara y esperara tranquilamente en el banco mientras iba a por las notas. Después de acompañarme abajo para esperar, Celeste volvió a subir las escaleras para buscar los resultados de las pruebas y opiniones de los otros profesores de mi sobrina. Esta noticia por sí sola me puso aún más nerviosa que antes. Para mi D'iona era una niña extremadamente madura y sabia. Sin embargo, era cierto que a veces carecía de entusiasmo en lo académico. Intenté ser más indulgente con ella porque sabía que tenía muchas adversidades en su contra, tales como la separación de su madre, la lucha por aprender un segundo idioma, saltarse un curso, así como su etapa de adolescente. Recordaba también cuando la escuela me informó que debido a la fecha de nacimiento de D'iona, el curso que le correspondía era sexto. Esto planteaba un problema, ya que D'iona habría estado en quinto en los Estados Unidos. D'iona solo había asistido a la escuela durante más de un mes en España. En mi opinión, un mes no puede evaluar plenamente el potencial de un niño, sino simplemente su progreso. Durante el proceso de evaluación, cada profesor recibió el mandato de probar el nivel de comprensión de D'iona. Amos y yo sabíamos que D'iona era más que capaz no sólo de triunfar sino de sobresalir en sexto pero sólo podría prosperar si se lo proponía. Divagaba pensando las incontables conversaciones amorosas que Amos y yo tuvimos con D'iona sobre este mismo aspecto de sí misma y de muchos otros. Seguí esperando a la Srta. Celeste mientras escribía mis pensamientos y sentimientos en mi diario.

    Mi escritura de repente se detuvo abruptamente al sentir un ligero empujón en mi hombro. Era Celeste. A medida que mis nublados pensamientos comenzaron a aclararse, empecé a escuchar claramente que ella estaba lista. Venía acompañada por otra mujer a la que me presentó como la orientadora escolar. La orientadora me saludó con el tradicional beso español y eso me tranquilizó. Inmediatamente noté su capacidad de trabajo en equipo y determinación. Subimos al aula y al comenzar la reunión me di cuenta de que la orientadora no hablaba inglés. Celeste tradujo pacientemente toda la reunión y me impresionó. La mayor parte del informe de evaluación de D'iona se centró en su comportamiento, indicando que carecía de entusiasmo. Tanto Celeste como la orientadora querían saber más sobre D'iona y sus antecedentes para poder ayudarla mejor en sus necesidades. Expliqué la dinámica de mi papel en la vida de D'iona y por qué. Le expliqué que D'iona echaba mucho de menos a su madre y que le estaba costando adaptarse. La siguiente conversación que tuve con estas dos mujeres, en mi opinión, fue divina.

Todos los maestros coincidieron en que D'iona carecía de motivación y que su depresión al estar separada de su madre le estaba afectando a nivel académico. La mejor solución era permitir que D'iona se quedara en sexto, pero recibiendo apoyo adicional y tutoría. Los profesores también coincidieron en que D'iona debería centrarse únicamente en el aprendizaje del español, ya que entonces sería capaz de ponerse al día con el resto de las asignaturas. Querían que ella sanara de su pasado y lidiara con sus emociones.

Estaba un poco frustrada porque sentí que deberían haber puesto a mi sobrina en quinto desde el principio . Pero estaba agradecida de que la escuela estuviera dispuesta a acomodarse y trabajar con ella. La orientadora y Celeste comenzaron a darme consejos sobre cómo ayudar a D'iona. Al final de la reunión me sentí desanimada pero agradecida. Desanimada porque sentí que había fracasado como tutora y tía; pero agradecida porque Salesianos estaban totalmente dispuestos a ayudarnos como familia. Acogieron a mis hijos y aceptaron la diversidad, ya que ellos aprenden de nuestra cultura y nosotros de la suya. Celeste, la dulce orientadora y yo ideamos un plan para ayudar a D'iona. Esa noche hablé con su madre, mi marido y Zipporah. Les informé del progreso de D'iona y les expliqué lo que se discutió en la reunión. Después tuve una conversación adicional con ella. Le reiteré lo que le dije antes, que quería ver más iniciativa de su parte. Desafié a D'iona y le dije que quería que profundizara y aprendiera español como si su vida dependiera de ello. Ella entendió y me prometió que lo haría mejor y trabajaría más. A partir de esta conversación, noté una cierta mejoría en D'iona. La forma como el colegio atendía al alumnado, tanto a nivel personal como general me sorprendió. Ellos veían a cada niño como una joya. Se les ocurrió un plan personalizado no solo para D'iona, sino también para Aaron. Ellos veían a los niños como individuos en lugar de un número como muchos de los sistemas escolares en los Estados Unidos.

El final de este año escolar para los niños fue muy ajetreado pero divertido. Nuestra tribu familiar crecía y todos estaban de buen humor. D'iona, Amari y Aaron se preparaban para su baile de fin de curso y para la procesión escolar. A principios del año escolar Don Carlos se acercó a mí con Don Cristóbal. Ellos me explicaron cortésmente que eran conscientes y respetaban que nuestra familia no es católica sino cristiana evangélica. Sin embargo, se acercaba una danza muy especial y tradicional en la que querían que Amari participara. Amari tenía una buena reputación por su baile y ritmo en toda la escuela, lo que supuse que podría ser importante para este baile. Don Carlos, el profesor de apoyo, me preguntó si me sentía cómoda con que Amari bailara en la procesión escolar. Esta danza se llama *Los Seises* y parecía especial para los niños que fueron seleccionados para actuar. A mi entender, del baile de los Seises es una danza católica tradicional que data del siglo XIV. Originalmente eran sólo seis chicos de la catedral de Sevilla los que ejecutaban la danza, pero con el paso de los años cambió a diez. Realizaban su baile en la catedral frente al altar mayor para honrar a Dios. Esta costumbre es conocida en toda España, pero se focaliza en Sevilla.

Le pregunté a Amari si quería participar.

"¡¡Por supuesto!!", respondió Amari con su acento andaluz.

Me explicó inteligentemente que se sentía honrado y privilegiado de que le pidieran bailar en este evento tradicional. También mencionó que sería una experiencia de aprendizaje cultural impresionante para él. Estaba muy orgulloso de Amari por tener una visión tan madura de nuestras experiencias aquí en España. Él estaba abrazando la cultura y afrontando los desafíos.

Amari y los otros nueve niños practicaron dos veces por semana durante cuatro meses como preparación. Cuatro de ellos eran compañeros de clase más cercanos y amigos de Amari. Todos hicieron un gran trabajo ensayando juntos para mantener un ritmo constante. El baile era muy extraño, así como difícil. Parecía estar basado principalmente en el ritmo y al unísono. El baile consistía en que los chicos formaban dos líneas paralelas de cinco chicos. Poco a poco comenzaron el baile tomando pasos firmes pero rítmicos. A cada paso le sigue una elevación con los dedos de los pies. Sus manos estaban cuidadosamente dobladas detrás de sus espaldas. Comenzaron por el pasillo central de la iglesia y se dirigían lentamente hacia la parte delantera de la iglesia, terminando en el altar. Era en el centro donde se ponían unos frente a otros y empezaban a cambiar de dirección. Esto hacía que los chicos se entrelazaran, se pasaran entre sí y cambiaran de lado. Esto se repitió numerosas veces mientras la música del coro infantil sonaba.

¡El atuendo de los chicos era espectacular! El diseño consistía en unos pantalones blancos de media caña y una gran camisa blanca a la antigua usanza, un chaleco de seda azul celeste con cordones dorados, un cinturón azul y dorado a juego con un chal blanco que pasaba por encima de sus hombros, medias y zapatos blancos, planos pero elegantes. Su magnífico atuendo se completaba con un gran sombrero a juego azul y blanco con un encaje de oro y una hermosa gran pluma azul en la parte delantera. ¡Nuestros chicos estaban increíbles! Mientras las madres observaban, algunas se emocionaban.

Los chicos realizaron esta danza tres veces durante una semana antes de la procesión. La primera actuación fue el jueves y la segunda el viernes por la noche en la iglesia de los Salesianos. Me quedé en silencio observando a los chicos mientras noté que muchas personas se amontonaban dentro y en los alrededores de la iglesia sólo para ver el baile. Los padres de los chicos estábamos sentados en la parte delantera en unos asientos con la etiqueta de reservado. Cuando los chicos comenzaron a bailar, observé intensamente cada movimiento. Mi corazón se llenó de orgullo y alegría al centrar la mayor parte de mi atención en Amari. Al ver las caras de los otros padres, pude ver la sobrecarga emocional. Entonces me giré en dirección a mis amigos al ver sus caras rojas y sus ojos húmedos llenos de lágrimas. Mis amigas Stella, Emilia e Isabel estaban todas allí de pie mirando muy emocionadas. Las lágrimas caían por sus rostros y mientras observaban, se agarraban las manos unas a otras.

La tercera y última actuación de los niños fue durante la procesión escolar. La procesión comenzó en la iglesia y todos los niños pequeños estaban vestidos de ángeles, mientras que los hombres designados llevaban el paso de María Auxiliadora. Parecía como si todas las personas de Utrera estuvieran fuera esa noche para ver esta procesión. Acompañé a Aaron junto con los otros padres que también estaban acompañando a sus hijos, todos vestidos de hermosos ángeles azules y blancos. Una de las madres de la clase de Aaron, María José, tuvo la amabilidad de prestarme un traje de ángel, ya que yo no tenía ninguno, ni tenía el tiempo ni la habilidad para hacerlo yo misma. El traje era de seda celeste adornado con tela de purpurina plateada. Las alas estaban hechas de cartón cubierto de plumas blancas. Me encantaba especialmente la aureola, hecha con hermosos mechones de pelo blanco. Los padres y yo acompañamos a nuestros ángeles mientras los veíamos caminar y jugar entre ellos. Recuerdo específicamente que pasé por delante de una pareja de ancianos y escuché a la esposa decir a su marido con voz dulce:

«Mira el ángel negro.»

No me gusta que mis hijos o que yo seamos descritos como "negros" por otras personas ajenas a nuestra raza. Sin embargo, pude discernir que esta mujer hablaba con admiración y cariño, no con odio o falta de respeto. Simplemente estaba observando la belleza y la singularidad de mi pequeño ángel. Aaron realmente se divirtió en esta ocasión y fue agradable verlo jugar con sus amiguitos. Mientras tanto, Amos se quedó con Amari, ya que Los Seises caminaban también en la procesión. Zipporah, Keturah, Meli, D'iona y Abi observaron desde el lado de la calle con muchas otras personas del pueblo. Aquí, pudieron hacer hermosas fotos y videos del evento.

Fue como si mi fe creciera de la noche a la mañana, así como mi capacidad de decir las cosas como son. Echaba de menos a mi hermana mayor, Keturah, y también a su hija y Zipporah. Cuando Keturah llegó con su nueva compañera, Meli Rosa, estaba un poco nerviosa porque no conocía a esta mujer. Sin embargo, estaba entusiasmada por conocerla y construir una hermandad entre ambas. Vinieron a quedarse, y yo estaba feliz de que nuestra tribu estuviera creciendo y que D'iona finalmente se reuniera con su madre. Keturah y Meli llegaron en el momento indicado. Fue durante el final de los eventos escolares, y D'iona y mis hijos estaban emocionados de mostrar a su tía todos los movimientos para el gran espectáculo de baile escolares que se llevaría a cabo el jueves por la noche. Una noche antes, el miércoles, todos nos preparamos para esa ocasión, cuando Keturah y Meli llegaron a la casa de Zipporah. Todo el mundo rezumaba alegría. Había llegado el jueves, y era momento de que los niños presentaran sus bailes. El grupo de D'iona sobresalió aquella noche, ella estaba un poco nerviosa, pero se lució. Después de que Amari terminara su baile, se cambió de atuendo rápidamente. Los dos nos unimos al resto de la familia en el patio de la escuela. Había un gran escenario con una imagen de la Virgen María Auxiliadora con el niño Jesús, colgando en la parte posterior. Los lados del escenario estaban acotados para que sólo las clases que tenían que bailar pudieran entrar. Había entre cinco y siete filas de sillas frente al escenario. Detrás de esas sillas había mesas y un bar. En el patio de la escuela había paseos adornados como si fuera una verbena y atracciones de feria. Todo el patio de la escuela había sido transformado y reorganizado para este festival. Éste había sido un evento maravilloso, y yo estaba feliz de que mi familia estuviera reunida aquí para reír con los niños. Vimos las actuaciones de las otras clases, y esperamos ansiosamente la participación de la clase de D'iona. Finalmente llegó su turno. Nos acercamos al escenario para poder grabar su número y darle ánimos a nuestra DD. La música comenzó y sus piernas empezaron a moverse. Dimos una entusiasta ovación a D'iona para hacerla sonreír, pero ella nos ignoró y se concentró en lo suyo. Ella y los otros niños parecían divertirse, sin perder la concentración para no cometer errores. La actuación de su clase fue increíble y D'iona hizo un gran trabajo porque es una gran bailarina. Todos estábamos orgullosos. Entre nosotros pensamos que DD es la mejor bailarina de la familia, pero Amari difiere.

Al día siguiente Amari y Aaron tenían que hacer su representación. Realmente disfruté aquella noche porque eran los niños más pequeños y cada clase tenía un precioso tema. La clase de Aaron interpretaría a *Mary Poppins*. Cada uno iba vestido como los personajes de *esta obra*, listos para bailar y divertirse. La canción que bailaron fue "A Spoonful of Sugar". Era adorable y toda la clase lo hizo genial. El grupo de Amari bailó después de ellos. Bailaron con «Bum Bum Tam Tam» de J. Balvin. Sentí como si la clase de Amari lo hiciera mejor que el resto. Sin mencionar que Amari robó protagonismo al espectáculo debido a sus grandes habilidades en baile y su ritmo, lo cual llamó la atención de todos los presentes. Su maestro, Don Manuel, parecía muy feliz y orgulloso de la actuación de su clase. Incluso una madre habló conmigo esa noche más tarde. Estaba con su marido y sus hijos gemelos que además eran compañeros de D'iona. Me dijo lo mucho que le había gustado el baile de Amari y cómo su representación le había puesto la piel de gallina. Me encantó escucharla. Me sentía orgullosa como madre y tía, y no sentía vergüenza al expresarlo. Después de que terminó el evento, el personal escolar comenzó a limpiar las instalaciones y las demás personas nos dirigimos al carnaval. Todos los niños estaban felices y orgullosos de haber completado un año escolar exitoso y de sus presentaciones aquella noche. Amos y yo caminamos con Aaron y Abi, mientras Amari iba con sus amigos. Observamos las luces frente a nosotros, escuchamos los fuertes gritos de los niños que vibraban en nuestros oídos y vimos a los adolescentes caminar por los pasillos. Ésta fue una noche para recordar, pero también para valorar. Siempre había sido un evento especial y yo estaba feliz de que mis hijos pudieran ser parte de ello.

Conforme terminó el año escolar, surgieron nuevos cambios. Me estaba volviendo muy apegada a este pequeño pueblo y me sentía cómoda con este nuevo estilo de vida. Amos y yo empezábamos a tener conversaciones sobre comprar una propiedad aquí y establecernos. Estábamos a punto de cumplir un año en España, y eso me emocionaba. Estaba lista para dar el siguiente paso y sabía que se podía hacer. No solo escribía mucho porque tenía tiempo ahora que Tina estaba aquí la mayoría de las mañanas con Abi, sino que también asimilaba los muchos logros de mis tres hijos. Eran una razón importante para escribir. Por ejemplo, puedo recordar el día en que solicité el servicio de Internet para nuestra casa. La compañía procesó rápidamente mi pedido y envió un técnico para instalarlo. Todos mis hijos estuvieron en casa durante el verano; por lo tanto, no practicaron su español tanto como cuando asistían a clases. Sin embargo, algo ocurrió ese día que me hizo cosquillas en el alma. Sonó el timbre eran dos jóvenes técnicos listos para hacer su trabajo. Los guié cuando al instante empezaron a buscar el mejor lugar para configurar el dispositivo de Internet. Llevé a uno de los técnicos al piso de arriba como se me había indicado y lo dejé trabajar. Cuando regresé por el otro chico, escuché en la distancia que Abi estaba hablando con él. Escuchar en secreto una conversación en español entre mi hija de dos años de habla inglesa y el técnico de Telecable que hablaba español me hizo mucha gracia y me llenó de orgullo. Ambos técnicos eran jóvenes, profesionales, guapos y simpáticos. Parecían tener entre veinte y treinta años. El técnico Miguel, con quien Abi conversó, era un hombre guapo de piel bronceada y cabello castaño oscuro. Me di cuenta de su bonita barba gruesa, pues mi marido también tiene barba.

"¿Cómo te llamas?" le preguntó a Abi con un gesto cortés y acento fuerte.

"¡ABI!". Abi respondió agresivamente con orgullo y segura de sí misma. Me reí mientras veía sus manos subir.

"¿Y cuántos años tienes?", él preguntó.

"Dos". Respondió Abi mientras estrechaba su mano con la de él. El hombre se rio nuevamente. ¡Estaba tan desconcertada escuchando a mi hija hablarle en español a este hombre! Más tarde le di las gracias a Tina por las lecciones que le había dado a Abi.

Mientras continuaba escuchando, oí al hombre decirle a Abi: "Tengo una hija pequeña como tú. Ella también tiene dos años"; dijo el hombre en un tono amable. Abi puso sus manos en ambas mejillas e hizo una cara de sorpresa. El hombre se volvió a reír.

"¡Quiero jugar con ella!". Dijo Abi.

"Está bien, un día, si quieres, puedes venir a nuestra casa y jugar con ella"; exclamó el joven Miguel.

"Bien"; respondió Abi con madurez mientras levantaba su pequeño pulgar hacia él en señal de aprobación.

Miguel soltó una carcajada mientras decía: "¡Qué graciosa!".

Asomé la cabeza por la puerta de la sala mientras Miguel se reía de esta interacción con mi bebé. Noté que no sólo estaba asombrado, sino que también adoraba a Abi. Me vio entrar en la habitación.

"Habla español mejor que yo"; le dije en broma.

"Sí, pero ella estaba hablando ambos"; respondió. Decía que Abi estaba hablando "spanglish". Abi mezclaba palabras inglesas y en español para comunicarse con el joven, y él entendía todo. Mis dos hijos estaban allí, pero no dijeron nada y permitieron que su hermana chalara con el hombre. Finalmente, cuando los técnicos terminaron su trabajo en nuestra casa, el Sr. Miguel se despidió de Abi.

"¡Adiós, guaaaapa!!!"; le dijo con amor.

"¡Adiós! !Hasta luego!"; contestó Abi mientras le mandaba besos en el aire.

El Sr. Miguel se rió otra vez.

"¡Qué graciosa!"; expresó con risas.

Esto nos divirtió a Amari y a mí. Mis hijos habían aprendido el idioma español y tenían un acento andaluz. Supongo que verlos y escucharlos hablar un español perfecto con acento andaluz fue tan divertido como para mí escuchar a un niño asiático hablar inglés en un dialecto negro del sur de Estados Unidos.

Mis hijos estaban creciendo interiormente, así como mi marido y yo. Por una parte, Abi estaba aprendiendo más español y madurando; Aaron estaba haciendo mejoras importantes en sus rutinas diarias y experimentando menos crisis. Amos estaba ganándose el respeto y admiración de sus compañeros de trabajo y sobresaliendo en sus responsabilidades. Estaba dominando el español, así como haciendo nuevos contactos y por otra parte Amari hablaba con mucha más fluidez y estaba tomando conciencia de su "poder". No puedo mentir, pues aún me preocupaba cuando salía al parque o a la piscina. Sin embargo, para ser honesta, diré que estaba menos preocupada que al principio.

Eran aproximadamente las 7 p.m. en una peculiar tarde de domingo. Afuera, había varios grupos de adolescentes esparcidos por todo el exterior de nuestra piscina comunitaria. Sin embargo, el grupo que estaba más próximo a nuestra casa llamó mi atención porque parecían más grandes que los otros adolescentes que disfrutaban de la piscina. Había entre cinco y siete de ellos, y sus edades variaban entre los diecisiete y los veinticuatro años. La puerta principal estaba abierta para permitir que la brisa entrara y refrescara el interior de la casa. Los dos pequeños, Amos y yo veíamos una película cuando Amari entró. Parecía estar un poco triste, frustrado, así que le pregunté qué sucedía.

Respondió con rapidez a mi pregunta, pero luego continuó. "Es sólo que esos adolescentes se burlan de mí"; dijo con desánimo.

"¿Qué dicen?". Pregunté disponiéndome a escuchar su respuesta.

"¡Mirad al chico! ¡Mirad lo neeegro que es! ¡Qué neeeegro! ¡Qué feeeeo!" Amari repetía con enojo lo que le habían dicho, pero con un acento andaluz increíble.

En mi cabeza y por todo mi ser sentía una frustración muy grande. En mi alma sentí la sensación como si una pizarra estuviera siendo arañada lentamente por alguien con uñas largas. Pero tenía que mostrarme serena frente a Amari.

"¿Dónde están?". ¡Exijo que me lo digas! Le exclamé.

"Ahí". Amari señaló.

Era el grupo de adolescentes que había llamado mi atención.

"Vale, saldré a preguntarles qué dijeron". Exclamé con ira y dolor mientras me dirigía hacia la puerta.

"¡No mami! ¡¡No lo hagas, por favor!". Amari me suplicó.

Su pequeña súplica me detuvo.

"Sí, Joy. Todavía son niños"; dijo Amos.

"Bueno, pero no deberían estar hablando así a un niño pequeño"; me volví rápidamente mientras miraba mis zapatos.

"Lo sé, pero aún son adolescentes ignorantes y tontos. Y no quieres que esto empeore"; respondió Amos. Lo pensé y luego decidí hablar con mi vecina, la Sra. Beni. Fui a su casa para preguntarle si conocía a los jóvenes. Desde afuera podía escucharlos cenar, así que llamé a la puerta. La Sra. Beni levantó la vista y vino hasta la puerta para dejarme pasar.

Refiriéndome a los que estaban sentados afuera, le pregunté. "¿Sabes quiénes son esos chicos?". Dije.

"Sí, ¿por qué?". La Sra. Beni respondió consternada.

"Porque molestan a mi pequeño y estoy muy enojada"; le contesté alterada, ahogándome en frases y palabras en español.

"¡No, no!"; dijo con compasión y simpatía. Ella me comentaba que no debíamos tomarlos en cuenta. Me explicó que este a grupo de chicos les gustaba fumar y beber y que eso los volvía groseros e ignorantes. Entonces, la Sra. Beni me preguntó.

"Vosotros estáis felices aquí en España, ¿verdad?"; preguntó.

"Claro"; le contesté.

"Bueno, entonces no te preocupes hija". La Sra. Beni sonrió.

Sentía como mi coraje e impotencia se calmaban con las palabras de esa sabia mujer. Por otro lado, no podía contener las lágrimas y la tristeza que sentía. Lo que la señora Beni quería, es que me diera cuenta que no importaba lo que esos jóvenes u otras personas pensaran o dijeran de mi familia y de mí. Al final, todos estábamos muy contentos aquí en España y nadie podía quitárnoslo. Yo estaba agradecida a la Sra. Beni y a sus palabras esa tarde; fue muy amable a pesar de que interrumpí su cena. La besé en agradecimiento y volví a casa.

Tiempo después, Abi se hizo amiga de la nieta de la Sra. Beni, Daniela. Tenía dos años y medio y su madre se llamaba Marta. Marta es la hija de la Sra. Beni y el Sr. Luis. Todos eran muy amables y acogedores. Nuestros vecinos la Sra. Beni y el Sr. Luis me recordaban mucho a mis suegros. Amorosos, sabios, mayores y con un vínculo muy estrecho con sus dos nietos. Beni y Luis también tienen un hijo adulto que tiene un niño de cuatro años, Luis III. Siempre estaban en la casa de sus abuelos jugando y pasando tiempo. A menudo me gustaba escuchar el chasquido y el ruido de sus vajillas de porcelana mientras cenaban juntos por la tarde y la noche. Abi, Daniela y el pequeño Luis jugaban muy bien juntos. Les gustaba ir a sus casas para jugar con sus juguetes. Estaba feliz de que Abi hiciera nuevos amigos.

    Los veranos eran calurosos, y el aire seco. Amari iba a la piscina todas las tardes. Esa vez en particular, decidí llevar a mis dos hijos pequeños a la piscina también. Nos registramos en la parte delantera de la piscina. Mientras caminaba hacia una sombrilla, me percaté de la hermosa hierba verde y los cielos despejados. Hacía mucho calor pero era impresionante. El agua de la piscina estaba despejada y los niños estaban listos para nadar. Coloqué los flotadores en los brazos de Abi y nos sumergimos en el agua juntos. Vi que Aaron disfrutaba del momento, yo, por mi parte, no soltaba el brazo de Abi. Lo miré intensamente, preguntándome qué había dentro de su cabeza. Vi que en repetidas ocasiones entró y salió de la piscina. ¡Se estaba divirtiendo mucho! Tapaba su nariz y sumergía todo su cuerpo en el agua. Luego permanecía quieto por unos segundos, y repetía la acción. Salía del fondo del agua cuando sus pulmones se quedaban sin aire. Puedo afirmar que Aaron disfruta estando bajo el agua y sospecho que es la misma razón por la que lo disfruto yo, por el sentimiento de liberación. Cuando el cuerpo se queda bajo el agua durante cinco o seis segundos, hay una sensación de paz congelada, ya que todo el sonido se amortigua o desaparece. Nada se mueve a tu alrededor y te desconectas del mundo por un instante. El agua parece sostener y masajear tu cuerpo ya que la gravedad no hace nada. Sigo mirando mientras acuno a Abi en el agua. Luego comenzó a flotar y jugar con su amiga María. Este día de piscina no sólo trajo alegría a mis hijos, sino que trajo paz a Aaron.

Además, cada vez que pasábamos el día en la piscina local, nos encontrábamos con una familia diferente. Muchos de los padres disfrutaron del ocio de los días en la piscina debido al increíble paisaje, el agua clara y fresca, y el acceso a un bar. Éste se convirtió en el lugar favorito de Amari para ir durante los veranos, y el personal del bar parecía adorarlo. Un día en particular, Amari estaba jugando en la piscina con todos sus amigos, cuando vio a una hermosa chica que parecía tener su misma edad. Su piel era del color caramelo y su cabello era grueso, negro y rizado. En ese mismo instante, la chica lo vio también y comenzaron a jugar y conversar en español. Se llamaba Isabel.

Finalmente, con curiosidad le preguntó a Amari: "¿Eres estadounidense?".

Amari la miró, y con su acento andaluz, contestó: "¿Yo? ¡Sí! ¡Así es!".

"¡Yo también!"; contestó Isabel en inglés, transpirando emoción.

Sorprendido y feliz, Amari se tiró a la piscina. Cuando salió Isabel se estaba riendo. Ahora hablaban en inglés. Mientras conversaban, Amari notó que los amigos de ambos se habían alejado para permitirles hablar. Amari amaba a sus amigos, así como hablar español. Pero me confesó que era agradable tener un amigo americano con el que pudiera hablar inglés. Hacia el final de la conversación, Isabel le dijo que le presentaría a sus padres. Amari se sintió muy cortado, pero cuando Isabel le presentó a sus padres, ellos hablaron en español.

"Papá. Éste es mi nuevo amigo, Amari. Es estadounidense y de Florida"; dijo Isabel educadamente.

"Encantado de conocerte"; respondió con calma el padre de Isabel.

"Igualmente"; respondió Amari con una mirada curiosa en su cara.

Amari podía notar una diferencia en el acento del padre de Isabel. No se resistió al deseo de preguntar.

"Espere. ¿Usted también es estadounidense?". Amari preguntó con asombro.

El padre de Isabel se rio cortésmente y dijo: "Sí, pero yo soy colombiano estadounidense".

Amari sonrió y respondió con un simple OK.

"¡Espera! ¿Eres estadounidense y de Florida?". Intervino la madre de Isabel. Era una hermosa mujer negra americana con el pelo largo y ondulado. Su acento americano era apropiado y refrescante para Amari.

"Sí, lo soy"; contestó Amari.

"¡Habría apostado que eras de Nueva York o de otro lugar antes que de Florida!". Confesó la madre de Isabel.

Amari sonrió mientras los padres de Isabel lo invitaban a almorzar con ellos. Él aceptó con confianza, sabiendo que Amos y yo no nos opondríamos. Isabel también tenía un adorable hermano pequeño de cinco años y hablaba muy bien. . Mientras la tarde continuaba con la familia de Isabel, comieron, se conocieron, luego jugaron un juego de mesa español llamado La Oca. El padre de Isabel era muy bueno. Después, Amari e Isabel volvieron a la piscina para pasar un poco más de tiempo. Cuando la noche terminó, los padres de Isabel le dijeron a Amari que había sido muy agradable conocerlo y que esperaban conocer a sus padres pronto. Mi hijo se había hecho amigo de una familia entera y eso me hizo sentir bien por dentro. Durante el resto de ese verano, Amari e Isabel pasaron el tiempo juntos en la piscina. Incluso, se enteró de que Isabel asistiría a la misma escuela que él al siguiente año. Además, hasta el día de hoy, nunca habíamos visto a esta familia. Sin embargo, tenía la creencia interior de que muchas de las personas que Amari conoció durante el verano, estaban destinadas para él. Creía que Dios lo estaba animando de alguna manera a aprender. Recordándole que nunca estaría solo sin importar el país en el que se encontrara.

Josechu y Bosco son dos de sus amigos que han permanecido a su lado sin importar las circunstancias. Amari conoció a Josechu un verano mientras estaba en la piscina. A partir de ese día, ambos se volvieron inseparables. Tan inseparables que Amari se convirtió en parte de su familia. Josechu tenía sólo cuatro años y Amari ocho cuando se conocieron. Pero la personalidad extrovertida de Amari y su buen dominio del idioma español, hicieron que los lugareños se sintieran muy cómodos a su alrededor. El pequeño Josechu se volvió como el hermano pequeño español de mi hijo. Él es absolutamente hermoso, con piel bronceada, ojos azules y un grueso cabello ondulado de color marrón. Su padre, Josechu, es estricto pero amable y divertido al mismo tiempo. Es el fundador y propietario de una academia de clases particulares aquí en Utrera. Su esposa, Inma, es extremadamente dulce, posee una belleza asombrosa y única que transmitió a sus hijos, el pequeño Josechu y María. María (diez años en aquel entonces) fue también una de las primeras amigas que Abi hizo en la piscina. Me di cuenta que María adoraba a Abi y siempre jugaba con ella cada vez que se encontraban. Amari y Josechu se llevaban tan bien, que toda la familia lo quería. Se convirtió como un miembro de su familia, jugaban en la piscina, en su casa, iban a partidos de fútbol y a otros eventos familiares. Por ejemplo, hubo una vez en la que Amari estaba con la familia de Josechu y se fueron a un partido de fútbol local aquí en Utrera. Después del partido, Amari y el pequeño Josechu pudieron conocer a algunos de los jugadores de fútbol. Luego de escuchar el español de Amari, uno de los futbolistas mencionó que se sorprendió al descubrir que Amari era estadounidense. Pensó que Amari era un niño adoptado. Hubo una anécdota adicional cuando Amari salió a cenar con el pequeño Josechu y su familia. Amari fue abordado por una hermosa mujer africana de mediana edad. Cargaba una cesta grande con fruta fresca sobre su cabeza.

"Hola"; lo saludó en francés.

"Hola"; respondió Amari también en francés.

"Entonces, ¿hablas francés?"; le preguntó con curiosidad la mujer africana.

"Sí, bueno, lo estoy aprendiendo en la escuela"; respondió Amari.

"¿De dónde eres?". Su interés creció.

"De Estados Unidos", respondió Amari.

"¡Oh, así que eres de América!", la mujer africana exclamó en voz alta en inglés.

"Sí, señora", respondió Amari cortésmente cambiando al inglés con ella.

"Bueno, ¡tu francés es muy bueno!", ella lo felicitó.

"Gracias", dijo Amari.

"Eres un joven muy educado", dijo la mujer.

"Gracias", replicó Amari, todavía sonriendo.

Se despidieron y ella se fue. Mientras tanto, el pequeño Josechu y su familia escucharon en silencio. Después de que la hermosa mujer africana se había marchado, Josechu padre quería saber:

"Amari, ¿esto te sucede a menudo?". Josechu preguntó mientras Inma los veía.

"No mucho, pero sí a veces", contestó Amari.

Josechu hablaba con fluidez el francés y entendió toda la conversación. Incluso se sorprendió al oír a Amari hablar un buen francés. Fue así que me di cuenta de que mi hijo tiene un don para los idiomas, y teníamos que fomentar esa habilidad.

Eso mismo sucedió con Bosco. También es más joven que Amari. Es un niño rubio con ojos marrones oscuros. Era tímido, pero no con Amari. Tenían un hermoso vínculo y amistad. Su madre se llama Lola. Ella era guapa, dulce e inteligente. Era muy fácil hablar con ella y era muy clara con las respuestas que me daba. Era española, psicóloga y bilingüe, y vivía en Sevilla. El padre del pequeño Bosco, el señor Bosco, era ingeniero. También tenían una hermosa hija adolescente llamada Gloria. A menudo, Bosco y su familia pasaban por Amari para que los acompañara en sus actividades familiares. Creo que su facilidad para hablar el español lo hizo aún más encantador. Me demostró lo importante que puede ser aprender un idioma diferente. Los nativos lo respetaban por aprender y a nosotros por intentarlo. Estaba muy agradecida de que Amari tuviera dos familias sólidas, y que cualquiera podría considerar como sus verdaderos amigos. Su relación con mi hijo es extremadamente auténtica e inquebrantable.

Todos estábamos cada vez más integrados en la cultura de España, pues también nos habíamos acostumbrado al estilo de este pequeño pueblo. No obstante, un problema común que hemos tenido aquí en España es que la gente nos toca el pelo, en especial a mis hijos. Entiendo que no hay mucha gente de color en Utrera y me doy cuenta de que nuestra piel y cabello pueden parecerles exóticos a los nativos de este lugar. Sin embargo, no puedo negar mi cultura y quién soy. Prefiero que no toquen el pelo de mis hijos o el mío. En la cultura negra americana, nuestro cabello se considera sagrado; por lo tanto, para nosotros es una ofensa que nos lo toquen. Me encanta que la mayoría de los extraños sean extremadamente amables con mi familia y conmigo. Sin embargo, no me gusta mucho su manera de pensar en este aspecto. Muchas personas no lo saben y creen que tienen derecho a tocar el pelo de mis hijos sin permiso. Incluso, tuvimos que enseñarles a nuestros hijos que de manera educada les pidieran a las personas que no les tocaran el cabello. Por ejemplo, aquel verano, Amari llegó a casa quejándose de que sus compañeros no dejaban de tocarle el pelo. Le pregunté si les había pedido que no lo hicieran y me dijo que sí, pero que a pesar de ello lo siguieron tocando. Escuchar esto me enfadó mucho. Amos y yo le explicamos a Amari que, si alguien lo tocaba sin su consentimiento, entonces ya era acoso físico. Y por lo tanto, tendría que defenderse. No quería que mi hijo utilizara ese recurso, así que decidí hablar con Tía Patri (la mamá de Tina), y con el personal de la piscina sobre este asunto.

Una noche, mientras estaba sentada afuera disfrutando de la brisa nocturna, pude oír un scooter corriendo a lo largo de la acera, a unos treinta o sesenta metros de distancia. Inmediatamente supe que era Amari. Quise leer en su rostro cualquier indicio de problemas mientras le abría la puerta. Sabía que estaba molesto, pero él supo ocultarlo muy bien. Después de insistir, finalmente logré que hablara: Había un grupo de adolescentes mayores que se hicieron amigos de Amari en el parque, junto a la piscina. Y le tocaron su cabello. Amari les explicó cortésmente que en nuestra cultura eso estaba mal visto y les pidió que no lo hicieran. Pero ellos no dejaron de tocarlo. No sólo le tocaban el pelo, sino que también lo jalaban y le hacían daño. Esto causó la rabia de mi hijo. Amari comenzó a golpear con sus rodillas a uno de los jóvenes, y al otro lo golpeó con sus codos en el estómago, tan fuerte como pudo. Ambos adolescentes se encogieron de dolor y luego huyeron. El resto de sus amigos parecían asustados por la repentina ira de Amari, y siguieron a sus amigos corriendo como cobardes.

"¡La próxima vez que me toques el pelo te parto el brazo!". Amari les gritó con un acento andaluz feroz.

No apoyamos la violencia ni la ira. Pero esa vez me sentí orgullosa de que mi hijo la empleara en defensa propia.

Después de múltiples incidentes en los que Amari tuvo que defenderse con personas que le tocaban el pelo, me había preocupado. Amari pasaba muchos días en la piscina y quería asegurarme de que estuviera bien. Un día, cuando yo ya estaba muy preocupada por los incidentes que lo enojaban, llegó a casa y me contó sobre un nuevo amigo sudafricano que había conocido, se llamaba Mpho. Mientras Amari jugaba en la piscina, notó a un adolescente con gran melena con su grupo de amigos. Mpho y Amari se presentaron y entablaron una conversación. Empezaron su conversación en español, pero la terminaron en inglés una vez que Mpho se dio cuenta de que Amari era estadounidense. Aunque estaba un poco sorprendido, el adolescente admitió que pensaba que Amari era africano. Mientras charlaban, Amari notó que Mpho comenzó a tocar su cabello, sin embargo, lo hacía con timidez. Esto hizo pensar Amari. "¿Tampoco te gusta que la gente toque tu cabello, ¿verdad?". Amari preguntó a la ligera mientras jugaba con su propio cabello.

Mpho asintió. "Así es".

Amari vio una gran oportunidad para obtener consejos de este chico negro mayor que él.

"Entonces, ¿cómo haces para que no lo hagan?". Preguntó Amari, ansioso por obtener una respuesta.

"Les pego", respondió Mpho con una sonrisa burlona en su rostro.

"¿Cómo?". Continuó Amari.

"Yo uso este movimiento especial", le dijo Mpho.

Rápidamente se inclinó hacia abajo, y se puso sobre una rodilla. Sus brazos y puños apretados salieron directamente, y fingían golpear a alguien en el estómago.

A Amari le gustó su movimiento e inmediatamente trató de imitarlo. Mpho lo miró y levantó los pulgares en señal de aprobación. Tanto él como Amari, continuaron conversando mientras practicaban el movimiento repetidamente hasta que Amari lo dominó. Mpho incluso presentó a Amari a toda su familia incluyendo a su madre, su padre y su primo de cinco años. Amari me dijo que la familia fue extremadamente amable con él. Una vez más, Amari se había hecho amigo de una familia entera. Este encuentro fue como una bendición para mi hijo. Ha tenido problemas con los niños del vecindario que tocan su cabello, y que lo acosan. Entonces, de la nada, conoció a otra persona que era como una versión de él, pero mayor, y que podía ser su guía. Sentí como si Dios pusiera a Mpho en el camino de Amari para demostrarle que no estaba solo. Amari y Mpho se hicieron buenos amigos.

Un día, cuando Amari regresaba a casa de la piscina, vio una pelea. ¡Era Mpho, quien estaba siendo atacado por otros adolescentes! Todos jalaban el cabello de Mpho. Sin pensarlo, Amari corrió hacia Mpho y se enfrentó a uno de los adolescentes. El muchacho huyó dejando a su amigo. Sin miedo, Amari ayudó a Mpho con el otro adolescente. Sin embargo, este otro chico no se rindió tan fácilmente. El chico cogió el pelo de Amari con fuerza. Se rio y se peleó con Amari y Mpho. Pensó que era un juego. Amari agarró al niño por detrás, para que Mpho pudiera golpearlo. El niño se liberó y corrió, intentando escapar. Mpho lo persiguió enojado. Atrapó al niño y lo golpeó en cámara lenta. El chico gritó de dolor y finalmente se dio por vencido.

"¡No me toques el pelo, perra!". Mpho gritó furiosamente en español al adolescente mientras éste huía.

Amari lo miró con orgullo. Mpho luego se volvió hacia Amari y se lo agradeció.

"¡Gracias por ayudarme, ¡Amari!", dijo Mpho.

"¡Claro!", respondió Amari con jerga española.

Como ya he mencionado, Amos y yo, no toleramos la violencia. Asimismo, le digo a Amari que sepa escoger con sabiduría sus batallas. Desde mi perspectiva, vi a Amari y a su nuevo amigo Mpho como un reflejo del uno en el otro, que se necesitaban mutuamente. Aunque no siempre estoy cerca de mis hijos, la protección de Dios nunca los abandonará. Dios nos ha enviado grandes maestros, un entorno seguro, muchas lecciones valiosas, pero lo más importante: amar a mis hijos mientras estamos aquí en España. Por eso me regocijaré, porque Dios dice en su Palabra: "Alegraos siempre en el Señor, y de nuevo digo: Alegraos. Deja que tu moderación sea conocida por todos los hombres. Porque el Señor está cerca. No te inquietes por nada; pero en todo, por oración, súplica y acción de gracias, sea conocida tu petición ante Dios. Y la paz de Dios, que pasó por todo entendimiento, guardará vuestros corazones y mentes a través de Cristo Jesús". (Filipenses 4:4 -7).

Capítulo 3:

Lazos armoniosos

No sólo mis hijos estaban relacionándose exitosamente aquí en la ciudad, yo también. Siempre he sido una mujer orgullosa de mí misma y reservada, sin embargo, siempre había hecho hermosas relaciones dondequiera que fuera, y España no fue la excepción. Parecía estar aprovechando más mis dones espirituales y también estaba siendo yo misma. Mudarnos a España intensificó mi crecimiento espiritual y me ha hecho reflexionar sobre cómo mi familia y yo podríamos utilizar nuestros dones y talentos. Sabía que mi familia era valiosa, y que teníamos mucho que aprender, pero también mucho que enseñar.

    Durante las primeras semanas de los niños en la escuela, conocí a los padres de sus compañeros de clase. Estas interacciones diarias con algunas de las madres pronto se convirtieron en amistades. La primera madre que conocí, y a la que me acerqué, fue Vanessa. Vanessa se presentó personalmente ante mí y dijo que su hija, María, era compañera de Amari. Me dijo que era una "mocosa militar española", que es un término estadounidense que se usa para describir a un niño o un adulto joven que ha sido educado en un hogar militar. Vanessa fue acogedora y me hizo sentir cómoda. Sin mencionar que ella también hablaba inglés. Por lo que, el entendimiento entre ambas fue bueno. Su familia y la nuestra rápidamente se convirtieron en amigos cercanos y comenzamos a pasar tiempo juntos. Vanessa y su marido, José, me recordaron a los amigos de la manzana de casas del barrio en el que vivía en Estados Unidos; en otras palabras, me gustaba nuestro vínculo familiar. Vanessa me presentó a otras madres; me enseñó todo el pueblo e hizo que me familiarizara con el estilo de Utrera. Quedé muy agradecida a Vanessa y a toda su familia. No sólo nos volvimos cercanos, sino que ella y Zipporah establecieron una conexión inmediata también. Ambas compartían un humor tonto y un lado ligeramente salvaje. Un día Vanessa y yo acordamos llevar a nuestros hijos a un parque de juegos en la plaza. Vanessa me contó que este parque era muy popular en la ciudad y que muchos de los padres tomaban algo en los bares y restaurantes, mientras que los niños corrían libremente y jugaban por la plaza. Ese día Vanessa y Zipporah se conocieron e hicieron buenas migas al instante.

Zipporah dudaba mudarse a esta ciudad, como dije antes. Sentía que el pueblo carecía de diversidad y para ella eso era un problema. Sin embargo, ese fue el mismo día en que todos conocimos a Fatou, nuestra amiga senegalesa. Mientras los niños jugaban y nos familiarizamos unas con otras, todas las mujeres hablamos y reímos. Zipporah y Fatou intercambiaron números e hicimos planes para estar en contacto. Estaba encantada de conocer a alguien de color que conociera Utrera y España. Fatou también nos ayudó y se convirtió en nuestra hermana de sangre. Una mañana después de dejar a los niños en la escuela, Zipporah, Fatou y yo nos reunimos para comer pasteles y tomar café. Esto era algo común por las mañanas. A medida que compartimos nuestras historias de vida y nos conocimos más, mi mente comenzó a hacerse preguntas. Quería saber cómo era para Fatou vivir en España siendo una mujer senegalesa. Fue interesante escuchar su experiencia. Ella nos contó sobre la gente española y el poco conocimiento que tenían del pueblo africano. Mientras la escuchaba saqué mis propias conclusiones. Desde mi perspectiva, el trato hacia los "africanos" en España es diferente al que reciben en Estados Unidos. Pareciera que los españoles tienen ciertos prejuicios contra los africanos. Incluso me recordó una ocasión cuando Amari visitó la casa de campo de uno de sus amigos, y la tía de éste le preguntó sobre su familia.

"Entonces, si no son americanos ricos, ¿son africanos pobres?".

Me horrorizó que Amari tuviera que ser expuesto a tal ignorancia por parte de un adulto y quería confrontar a esta mujer entrometida y grosera.

Esta percepción es similar a como ven a los mexicanos en Estados Unidos. Muchos mexicanos están ilegalmente en Estados Unidos. Debido a su situación ilegal en el país, esto puede generar un efecto dominó en la economía general. Sin embargo, muchos mexicanos son ciudadanos estadounidenses normales y exitosos como el resto. No obstante, la mayoría de las veces se les denosta y trata mal, cuando lo único que quieren es tener una vida mejor. Pero los estadounidenses piensan que quieren quitarles sus puestos de trabajo. Sin embargo, estos trabajos que aceptan a menudo son mal pagados, pesados e injustos. Muchos estadounidenses se quejan, al igual que los españoles, de que estos trabajos deberían ser para los ciudadanos del país. Fatou exclamó que muchos africanos vienen a España para huir de la corrupción de su propio gobierno y tener una vida digna. No desean vivir entre personas y una cultura que no son las suyas, pero no se piensa que a veces tenemos que tomar decisiones por el bienestar de nuestros hijos. Esto mismo sucede con los mexicanos en Estados Unidos. Al final, llegué a la conclusión de que los españoles son muy protectores con su país y mientras tú vengas a aportar a su economía y no a quitarles, te aceptarán, aunque no del todo. He aprendido a respetar y a no hablar de temas que pueden ser delicados. Nunca entenderé a algunos españoles, sin embargo, puedo encontrar comprensión a través de las amistades, el amor puro y mi deseo de aprender.

Los hijos de Fatou no eran alumnos de los Salesianos, pero hice que conectaran con los míos. Sentí que era importante que mis hijos se relacionaran con niños de todas las razas, culturas y creencias, porque eso ampliaría sus horizontes. La mayoría de los padres del colegio de mis hijos son católicos. Sin embargo, Fatou era cristiana evangélica como yo, y esto desarrolló un vínculo más estrecho entre nosotras.

Conforme el año avanzaba, también me relacioné con las otras madres. Pronto había conocido a la mayoría de los padres que eran amigos de Amari, y llegué a apreciarlos. Natalia, la madre de Greta y esposa de un militar español, era uno de esos padres que amaba. Greta y Amari se hicieron amigos muy cercanos en la escuela. Eran como "mejores amigos" y querían que todos lo supieran. Tanto Amos como yo, queríamos conocer a sus padres. Cuando conocí a Natalie, supe que era psiquiatra. Ella es una persona maravillosa e increíblemente dulce. Fue una de las primeras madres que se me presentó y me añadió al grupo de WhatsApp de la clase. No hablaba mucho inglés, pero lo comprendía muy bien. Más tarde me explicó que es porque en su trabajo lee muchos documentos en inglés y que por eso lo entiende más de lo que lo habla. El momento en que sentí una conexión entre Natalia y yo fue cuando me contó que también era esposa de un militar y que sabía perfectamente cómo era comenzar de nuevo. Eso significaba mucho para mí. Natalia es hermosa, amable, gentil, y una gran madre y esposa.

Gracias a Natalia, conocí a Emilia, su mejor amiga. Emilia es la madre de Iván Luis, uno de los primeros amigos que Amari hizo; pronto se convertirían en "mejores amigos". Cuando las madres me agregaron a su grupo de WhatsApp, le envié un mensaje personal a Emilia, porque quería conocerla. Quería saber quién era la responsable de la educación de este dulce chico que se hizo amigo de mi hijo a pesar de sus diferencias culturales. Emilia y yo pronto intercambiamos un diálogo amable. Desde la primera vez que hablamos, Emilia me dijo que no sabía nada de inglés. Para que la comunicación fluyera, utilicé al traductor. Nos parecía gracioso que nuestros hijos hablaran el uno del otro en casa. El maestro de Amari, Don Manuel, incluso le informó a Emilia que la amistad de nuestros pequeños estaba creciendo rápidamente. Las dos estábamos contentas con su relación. Le dije que estaba aprendiendo español. Le conté acerca de lo difícil que era entender la gramática española y de las palabras que suenan igual. Ella me dijo que fuera paciente y que poco a poco aprendería el idioma. "Paso a paso", me decía. Desde ese instante sentí una conexión profunda con Emilia. Me hizo saber que estaría para lo que se necesitara. Emilia es una hermosa mujer pequeña que se viste con mucho estilo, algo común en el sur de España. ¡Era amable, audaz y divertida! También tiene otra hija muy guapa, llamada Cayetana. Su marido se llama Agustín y al igual que ella, es buena persona.

Conforme mis lazos aumentaban, también lo hacían mis interacciones. Ahora era parte de un grupo de mujeres que no sólo me respetaban, sino que se respetaban mutuamente. Al observar a estas madres, pude ver sus defectos y fortalezas, como ellas podrían ver las mías. Sin embargo, parecían encajar muy bien. Una mañana, cuando regresaba a casa después de dejar a los niños en la escuela, se me acercó una hermosa madre que se presentó como Conso A., abreviatura de Consolación. Conso A. y yo intercambiamos números, y tuvimos una conversación amistosa. Guardé su información de contacto en mi teléfono como Conso A. Este nombre era muy popular en la provincia de Sevilla. Fue interesante pero desconcertante conocer a varias mujeres con el mismo nombre. Tenía curiosidad, así que le pregunté a Conso A. porque varias mujeres se llamaban así. Me explicó que se debía a que la patrona de Utrera era *La Virgen de Consolación*, y que las mujeres tenían ese nombre en su honor. Conso A. me contó acerca de los santos patronos o vírgenes de cada ciudad española. Creen que la patrona o la virgen María protegen a su pueblo o ciudad. ¡Qué intrigante! Pronto descubrí que Conso A. era la madre de Alejandro, otro compañero de clase y amigo de Amari. Conso es una buena madre. Estaba casada con Antonio, y en ocasiones sentí que deseaba más reconocimiento por parte de su marido y sus hijos. Creo que Conso A. es fuerte por naturaleza y posee el potencial de ser una experta en negocios. Mi conexión con Conso A. fue más profunda que con las otras madres, porque ambas compartíamos rasgos similares de personalidad. Ella es divertida, simpática, amable, fuerte, honesta y valiente. Valiente porque confesó que mi hermana y yo la motivamos para tomar clases de inglés en una academia local. A medida que continuamos socializando, ella comenzó a explicarme que vivía cerca de muchos estadounidenses y que quería acercarse a ellos. Conso A. era una mujer muy sabia para su edad, y estaba agradecida de que compartiera su sabiduría conmigo. Con esa sabiduría Conso A. me dijo una mañana: "¡No se puede aprender con miedo!", con su fuerte acento de Utrera. Llevaba esas palabras conmigo cada vez que practicaba mi español con otros. Cuanto menos miedo o vergüenza sentía, mejor me comunicaba con los demás. Conso A. estaba en lo correcto. Con el paso del tiempo, me sentí como Antonio Banderas en la película *The 13th Warrior*, durante la escena en que Antonio fue capturado y puesto con sus captores frente a una fogata. Después de dos años viviendo aquí, recuerdo cuando solo reconocía ciertas palabras, luego esas mismas palabras se iban convirtiendo en frases cortas, para por fin acabar comprendiendo y formando oraciones más completas. Todavía tengo que trabajar mucho mi español, pero ya entiendo alrededor del 70%. Conso A. me invitó a desayunar con ella y otras madres de la escuela. Esa invitación se convirtió en una rutina matutina para mí. Cada vez pertenecía más a esta localidad y amaba cada momento.

Conforme se acercaba el otoño y las vacaciones navideñas, noté que mi tiempo disminuía. Podía ver claramente que vivir en un pueblo pequeño puede ser a veces más extenuante que vivir en una ciudad. Sin embargo, fue un cambio al que tuve que adaptarme.

No había un momento de descanso en mi día, tenía que llevar a los niños al colegio, desayunar con las mamás y hacer los recados para la casa. Mis semanas se convirtieron en días, las horas se convirtieron en minutos, y éstos en segundos. Había muchos cambios nuevos a los que me estaba adaptando. Por ejemplo, fiestas de cumpleaños para los niños. Recuerdo que en Estados Unidos las fiestas de cumpleaños se hacían en el patio trasero de las casas o en algún parque temático. Los padres dejaban a los niños en la fiesta y podían quedarse o regresar a por ellos después. Estas fiestas de cumpleaños no eran comunes, y no todos los niños tenían la suerte de tener una. Sin embargo, en Utrera la mayoría de los niños celebraban sus cumpleaños, y generalmente lo hacían en los mismos lugares de la ciudad. Recuerdo cuando invitaron a Aaron a la fiesta de cumpleaños de uno de sus compañeros de clase y se divirtió mucho. Amari también fue invitado a una fiesta y le encantó. La fiesta fue de María, la hija de Vanessa, y ella, Amari y D'iona se lo pasaron muy bien jugando juntos. Cuando Vanessa nos invitó, yo estaba emocionada y agradecida. Antes de llegar, Vanessa tuvo la amabilidad de explicarme en inglés cómo se hacían las fiestas de cumpleaños aquí en España.

Explicó que cada uno de los padres de los niños invitados, daba cinco euros a la madre anfitriona. Los padres anfitriones usarían ese dinero para comprar un regalo grande para el niño. Me parecía que eso era algo adecuado y bien organizado. ¡Me encantaba!

Dejamos a Amari, D'iona y Aaron en Illusionland, que es un lugar muy popular para las fiestas de cumpleaños de los niños aquí en Utrera. Las madres se reunían para tomar una copa en un bar cercano para socializar y charlar. Sólo unas pocas madres nos acompañaban a mí y a Zipporah, así como a la pequeña Abi. Sin embargo, disfruté mucho el tiempo con estas madres porque pude practicar mi español. Vanessa había estudiado inglés en el pasado, y tenía seguridad al hablarlo. Otras de las madres presentes también habían estudiado inglés, sin embargo, prefirieron no hablarlo. Concluí que al igual que yo, carecían del deseo de hablar un idioma diferente. Quizás era el miedo o el nerviosismo a escucharnos hablar incorrectamente o parecer tontas. Esta observación me hizo darme cuenta de que si tomaba en serio el aprendizaje del español, tendría que vencer mi miedo. Necesitaría hablar el idioma de cualquier manera. Esta fiesta de cumpleaños fue la primera de muchas a las que nuestros hijos fueron juntos durante todo el año escolar. Me encantaba cómo los padres nos reuníamos para charlar y conocer más sobre nuestras culturas, además eso me ayudaba a practicar mi español. Estoy segura de que no era la única de los padres que disfrutaba de estas reuniones.

En el transcurso de los próximos meses, mi familia y yo hicimos nuevos amigos. Muchos de ellos nos abrieron sus hogares y vidas, y estábamos agradecidos por eso. Fue en estos eventos, en los que mi familia y yo pudimos aprender y ampliar nuestro conocimiento de diferentes maneras. Desde su idioma hasta su forma de vivir, nuestros amigos aquí en Utrera estaban felices y orgullosos de compartir sus costumbres y tradiciones con nosotros. Al recordarlas, pienso en el amor que tienen por la familia, las amistades cercanas y los niños. A la gente de Utrera les encantaba divertirse juntos, no importaba si era con extraños o amigos. Sin embargo, cuando los amigos se reunían, sabíamos que sería una noche salvaje y divertida. La primera velada divertida que vivimos fue cuando nos invitaron a nuestra primera barbacoa que habían organizado Natalia y su marido José. Percibía que estaban contentos de mostrarnos el "Club militar de Utrera".

Llegamos a la reunión, que se realizó en las afueras de Utrera. ¡El parque era hermoso! Era privado y sólo podían ingresar o acceder militares españoles y sus familiares o amigos. Fue gracias a José, el marido de Natalia, que pudimos entrar al complejo, y él no dudó en mostrarnos las instalaciones. El club tenía múltiples campos, montículos, parrillas, etc. A la barbacoa asistieron cuatro familias, y todos nos llevamos muy bien. Primero estaba la familia anfitriona, Natalia y José y su hija Greta. Luego estaban sus amigos más cercanos: Emilia y Agustín, junto con su hijo Iván Luis y su hija menor Cayetana. También María y Fernando, quienes eran nuestros nuevos amigos y padres de dos hermosas chicas gemelas de la edad de Aaron. Natalia y José no los conocían con anterioridad. Sin embargo, todos conectamos con facilidad. Ese día también supe cómo festejaban los españoles. Son muy organizados al planear las reuniones. Me di cuenta de que se centran mucho en la familia, la comunidad, el amor y la equidad, pues todos teníamos que aportar algo, ya fuera económico o algún alimento. A veces comprábamos juntos o cocinábamos entre nosotros. En cada evento me di cuenta de que se aseguraban de tener un montón de cervezas y suficiente licor. La bebida alcohólica por excelencia era el anís. Mientras todos bebíamos, bailábamos y reíamos, era obligatorio que Amos y yo actuáramos como lo indicaban las "reglas de la celebración española". La primera regla era no tener las manos vacías. Todo el tiempo debíamos tener una cerveza u otra bebida. La segunda regla era estar dispuesto a divertirse en cualquier momento. La barbacoa empezó a las 4 pm. y terminó alrededor de media noche. ¡Todos disfrutamos el momento! Comimos, reímos, bailamos, bebimos y nos conocimos personalmente. Los niños también se lo pasaron muy bien. ¡Jugaron y bailaron todo el día y la noche! Querían escuchar algunas de nuestras canciones favoritas. Les mostré a Emilia y Natalia cómo hacer "twerk" mientras nuestros maridos se reían. Fue cómico ver a estas mujeres europeas mover sus cuerpos rígidos tratando de imitar la danza del "twerking". Me reí hasta que me dolió el estómago; no paramos de bailar y beber. Cuando la reunión estaba por terminar, me entró sueño y me dormí en una silla. Recuerdo cómo José se burló de mí. Me hizo sentir muy avergonzada por quedarme dormida, pero era amable y gracioso. ¿Cómo me atreví a dormirme en una fiesta española? *¡Eso no está bien!* Esto lleva a la tercera regla. ¡Nunca duermas durante una fiesta!

Después de despertar de mi corto sueño, mientras hablaba con María me di cuenta de lo buena persona que era. Ella es hermosa, amable, una gran madre y esposa. También es inteligente y franca. Describiría a María y su esposo como "espíritus libres conservadores". María y yo nos hicimos muy amigas. Me sentí muy cómoda con ella. Ella me ayudó con mi español, pues siempre hablaba en español o inglés mientras conversábamos. Esta táctica reforzaría mi aprendizaje. María se convirtió en el tipo de amiga que siempre estaba allí cuando la necesitaba. Su marido, Fernando, es enfermero. Él es una persona de buen corazón y juntos hacen una linda pareja. Su inglés no es malo, y podría afirmar que tanto él como María, estaban entusiasmados por poder practicarlo. Cada vez que nos reuníamos con Fernando y María, también lo hacían Emilia y Agustín. En algunas ocasiones también nos acompañaban Natalia y José, claro, cuando tenían tiempo. ¡Siempre nos divertíamos juntos! Reíamos, bebíamos, bailábamos, comíamos y cantábamos. Estar con Emilia y Fernando siempre era un momento divertido, pues nos reíamos hasta quedarnos sin aliento. Me encantaba la energía de Fernando, el gran sentido del estilo y del humor, la inteligencia y la voluntad de enseñar.

El marido de Emilia, Agustín, también tenía un gran sentido del humor. Agu, como sus familiares y amigos cercanos lo llaman, es amable, tranquilo y tiene buen humor.

José, el marido de Natalia, era un poco diferente de los otros padres. En mi opinión, tiene más en común con mi marido. Es muy fácil hablar con él. Forma parte del cuerpo de bomberos del ejército español, y él y Natalia han vivido en Utrera durante los últimos años. José es guapo, amable, perspicaz y divertido. Es un hombre de honor y orgulloso de servir a su país. Cuando nos conocimos en la barbacoa, supe de inmediato que era una persona de buen espíritu. José parecía tomar la iniciativa en la barbacoa porque su inglés era mejor que el del resto. Siempre que conversábamos me retaba a hablar en español. José me dio el mejor consejo a la hora de aprender un idioma nuevo. Me sugirió que con cada nueva palabra que aprendía, debía encontrar una manera de usarla continuamente hasta que esa palabra se incrustara en mi vocabulario. Él me aconsejó no sólo memorizar una nueva palabra, sino usarla en mi vida diaria hasta que formara parte de mi léxico. He seguido su consejo y me ha ayudado bastante en mi aprendizaje del español.

Fue con este grupo de amigos cuando conocí la vida de Natalia. Supe que es una mujer orgullosa de sí misma y que ama su profesión. Recuerdo ser como ella. Adicta al trabajo, pasar poco tiempo con mi marido debido a sus obligaciones militares, y la presión de ser a veces como una madre soltera. Un día, simplemente sentí su energía en mi espíritu, y supe exactamente por lo que estaba pasando. Su orgullo le impidió pedir ayuda. Usé la voz de Dios y el don que me dio para llegar a ella y decirle lo que percibía. Pensé que ella lo había notado, pero sólo en ese momento. Todo lo que pude hacer fue ser obediente y saber que lo que hable siempre será con amor y comprensión. Esto siempre ha sido común para mí durante gran parte de mi vida. Siempre que mi espíritu me ordenaba hablar, lo hacía. Algunos aceptarían mi consejo y otros no. También valoraba a las personas que me aconsejaban. Había mucho más que aprender.

Utrera tenía un ambiente animado y muchas joyas ocultas. Recuerdo cuando Tía Patri, la madre de Tina, me habló de un gran mercado en la ciudad que tenía lugar todos los miércoles desde las diez de la mañana hasta las dos. Había muchas cosas que necesitaba, y ella me aseguró que este era el mejor lugar para ir. La Tía Patri me preguntó si quería ir con ella al mercado ese miércoles en particular. Estaba feliz de aceptar su invitación y sacar a Abi de la casa. En este mercado había de todo, desde ropa hasta zapatos, telas, frutas y mucho más. Durante mi tiempo en el mercado con Tía Patri y Abi, conocí a un nuevo amigo. Después de completar nuestras compras de último minuto, fuimos a uno de esos food trucks o camiones de comida para almorzar. Mientras estábamos en la cola para pedir, llamó mi atención una hermosa mujer melanizada, (término utilizado cuando queremos hacer referencia a personas de ascendencia africana), con su pelo a lo Afro (rizado, brillante y negro) y con gafas. Tenía una hermosa hija que parecía ser de la edad de Abi y deduje que era mestiza. Establecimos contacto visual y nos sonreímos la una a la otra. Tomé este gesto como una invitación para acercarme a ella.

«¡Hola!», dije con una sonrisa amistosa.

"¡Hola!", respondió ella, devolviéndome la sonrisa.

Su español tenía un acento diferente, lo que me intrigó aún más. Luego nos presentamos con los dos besos tradicionales españoles y me contó que era originaria de la República Dominicana. Por lo tanto, su acento español era un poco diferente. Sin embargo, al crecer en el sur de Florida, estaba familiarizada con los acentos latinos y ese pensamiento me hizo sentir como en casa. Hablé con ella usando el poco español que conocía, mientras Tía Patri se acercó a nosotros más tarde para ayudarnos a comunicarnos. Al final, intercambiamos números y nos mantuvimos en contacto desde entonces.

Nuestras familias finalmente se conocieron en la fiesta de cumpleaños de su hija Claudia unos meses después. Con el transcurso del tiempo, María, Zipporah y yo nos volvimos muy cercanas. Se convirtió en nuestra hermana. Y su marido, Danny, y su hija, Claudia, se convirtieron en nuestro hermano y sobrina. Todos amamos absolutamente la compañía del otro. Y me encantaba tener una amiga melanizada que hablaba español con fluidez. Veo a María como una reina poderosa, hermosa, divertida, vibrante y muy carismática. También es una costurera y diseñadora bastante talentosa. Cuando descubrí su profesión, rápidamente la elegí para diseñar nuestros atuendos flamencos para la feria anual de aquel año 2019. Su marido, Danny, es del norte de Albacete, España. Era profesor de primaria en una de las escuelas públicas de Utrera. Danny era guapo, inteligente y creo que bastante honesto. Su inglés está en un nivel intermedio debido a que estuvo viviendo en los Estados Unidos. Danny, para mí, era un espíritu gemelo y me sentía muy cómoda en su compañía.

Más tarde, Danny cayó en una breve depresión profunda por su salud. Tenía una afección estomacal que restringía su dieta. Esto le causó estar enfermo y débil. Finalmente fue tratado y mejoró. Todo lo que podíamos hacer era ofrecer nuestro apoyo y estar allí para ellos. Sin embargo, todos teníamos fe y oramos por su pronta recuperación. Esto suponía una lucha para María a veces porque ella amaba a su marido y lo quería sano de nuevo. Ella estaba en casa la mayor parte del tiempo con su hija, Claudia, asegurándose de que su marido tuviera tiempo para descansar. Claudia era enérgica, obstinada y adorable. Era un bebé de espíritu libre y ella se lo pasaba muy bien jugando con Abi. María y yo seguimos haciendo el esfuerzo para reunirnos y conversar entre nosotras y sobre nuestros hijos. Ella y Zipporah también se hicieron íntimas, riéndose, bailando e interactuando como dos jóvenes en la escuela primaria. Siempre fue divertido verlas juntas. Después de unos seis meses en los que Danny estuvo luchando con su salud, Danny y María tomaron la decisión de regresar a su ciudad natal. Necesitaban tiempo para que Danny se recuperara mental, física y económicamente. Yo apoyé su plan, aunque Zipporah y yo estábamos tristes de ver partir a "nuestra hermana". Aquello sería sólo temporal, pero... Oré para que Dios les enviara de regreso a Sevilla lo antes posible.

El verano se acercaba rápidamente, y yo estaba lista para mi primer verano completo, ya que llegué a España un 23 de agosto de 2018. Uno de los mejores acontecimientos en el próximo verano fue recibir noticias de que María y su familia volverían a Sevilla. Después de unos ocho meses de no ver a mi querida amiga, estaba deseando que ella y su familia volvieran a la rutina de mi vida. Este día en particular mi prima Donesha estaba en la ciudad y regresábamos de un paseo por Utrera. Danny llamó a Zipporah ese mismo día para comunicar su deseo de vernos a todos antes de regresar a casa. Zipporah le ofreció una habitación para descansar en su casa para que no tuviera que regresar a Sevilla con su familia después de visitarnos. Zipporah me envió un mensaje esa noche para hacerme saber que Danny estaba en nuestra casa, que estaba deseando pasar un tiempo con nosotros y darnos buenas noticias. Donesha, Amari y yo nos apresuramos a casa para saludar a nuestro invitado. Cuando llegamos a casa, Amos,

Zipporah y Danny estaban sentados afuera hablando. Me alegré de verlo porque todos lo habíamos echado mucho de menos durante su ausencia. Me puso al día de sus vidas. María y Claudia estaban bien. Claudia estaba aprendiendo a hablar más, y María estaba trabajando en sus metas corporales y teniendo éxito. La salud de Danny estaba mejorando significativamente, y pude notarlo con solo mirarlo. Sin embargo, María no estaba contenta con su empleo y con las dificultades para adaptarse a la ciudad. Por su parte, Danny fue bendecido al recibir un puesto docente en Dos Hermanas, un pueblo a quince minutos al norte de Utrera. Esto significaba que regresarían a Andalucía en un plazo de cuatro a seis meses. Salté bailando de emoción. Todos nos reímos, y Danny hizo un bonito comentario sobre el nombre del pueblo de su lugar de trabajo. Zipporah y yo nos miramos asombrados porque Danny se refería a nosotras como las dos hermanas de María, una hermosa revelación que simboliza que nuestras familias aún tenían mucho que aprender la una de la otra.

Antes de que llegara el verano, recuerdo como todo aquel invierno pasaba por mi mente, cada preciso momento, acontecimiento, recuerdo, fiestas, etc. El invierno suele ser mi peor estación del año y a menudo temo los meses de frío. Sin embargo, vivir en España ha cambiado mi perspectiva sobre los inviernos. Ahora vivo en un pueblo donde las celebraciones son a menudo a lo largo del año y durante las vacaciones la ciudad se convierte en una gran feria, con luces decorativas navideñas en cada calle. Siempre hubo una fiesta a la que nos invitaron e hicimos todo lo posible por asistir a todas. Por ejemplo, hubo una gran reunión en la bolera en la que participaron tres familias numerosas. Todos queríamos integrarnos en un grupo y reunir a los niños durante las vacaciones. Estaban Vanessa, José y sus tres hijas; Stella y su hijo Pelayo; Conso A., su marido Antonio y sus dos hijos; y por supuesto, Amos y yo con nuestros tres hijos. Una vez que llegamos al evento, pude ver a todos sentados en la parte de atrás en una mesa grande. La risa, la alegría y el sonido de los bolos al chocar entre ellos, llenaban el lugar. Amari se unió rápidamente a sus amigos en una pista de bolos cuando comenzaron una nueva partida. Aaron se unió a él mientras Abi se quedó a mi lado. Zipporah y yo nos sentamos con las otras mujeres y pedimos bebidas. Amos se unió a los otros padres para jugar una partida de bolos, igual que los niños. Fue divertido verlos competir y divertirse, bromeando con chistes y tomando bebidas. Nuestros hijos siguieron jugando y riendo toda la noche. Las mujeres nos reímos, bailamos, hablamos y bebimos, mientras escuchábamos a Conso A. explicándoles nuestra clase de baile a todas. Sus palabras rezumaban pasión mientras hablaba de su experiencia en la clase. Disfruté escuchándolas hablar entre sí, cómo captaba cada momento, disfrutando del sonido de sus acentos.

Amos estaba hablando ahora con los otros maridos en el bar. Zipporah estaba conversando con un grupo de jóvenes adultos dos mesas más abajo. Mientras me sentaba en la mesa con las madres, tomé notas sobre mis observaciones de todos los presentes en la sala. De repente, todos comenzaron a dirigirse al bar para un brindis:

"¡¡Un brindis por la Amistad!!"

Empecé a conversar con Vanessa y José, su marido. Nuestra conversación cambió a su hermosa historia de amor, que estaban dispuestos a compartir conmigo. Vanessa vivió en los Estados Unidos desde el 2005 hasta el 2008 para estudiar inglés. Vivir a más de cuatro mil kilómetros de su país, familia y hogar fue una experiencia extremadamente difícil para Vanessa. Estaba deprimida, nostálgica, no comía, pero era demasiado orgullosa para admitirlo ante su familia. Así que Vanessa llamó a alguien en quien sabía que podía confiar emocionalmente. Su amigo José. Vino a visitarla dos meses al principio y dos meses al final de su estancia en América. Las visitas de José significaban mucho para Vanessa porque él era su único apoyo en ese momento. Pero José admitió que ya estaba locamente enamorado de Vanessa antes de visitarla. Confesó que fue a verla porque quería declararle su amor. Vanessa estaba muy feliz de escuchar esta noticia, porque ella sentía exactamente lo mismo. Se casaron en 2009 y han sido inseparables desde entonces.

Vanessa y José tienen una hermosa relación como matrimonio. Parecen compaginarse perfectamente. Sin embargo, después de nueve años de matrimonio y tres hijos, Vanessa ha cambiado. Todas las madres sabemos cómo nuestros cuerpos cambian permanentemente una vez que tenemos hijos. Esta es una lucha común para las mujeres que han tenido hijos y yo también he luchado con las mismas inseguridades. Aunque Vanessa es muy hermosa tanto por dentro como por fuera, puede que no siempre sea consciente de ello. Además, Vanessa y José son profesores con tres hijos y horarios muy apretados. Creo que Vanessa disfruta enseñando, pero muchas veces pudo haber sentido como si se estuviera perdiendo mucho debido a su cargada agenda. Esto, en mi opinión, se sumó a sus inseguridades. Me di cuenta de este mismo problema con algunas madres españolas que están empleadas. Muchas de ellas trabajan porque quieren sentirse productivas. Pueden elegir trabajar o no según sus obligaciones financieras. Algunas mujeres sienten que ser una madre que se queda en casa simplemente no es suficiente. Recuerdo las veces que sentí lo mismo. Quería más, así que empecé a asistir a clases en una universidad comunitaria local. Entonces rápidamente me di cuenta de mi valía como madre y que la escuela no era para mí; que ser madre era suficiente. Llegué a la conclusión de que gran parte de mi estrés provenía de mí y de la forma en que permití que mis hijos dependieran demasiado de mí. Me doy cuenta de este mismo problema aquí en Utrera. Vivir en un pueblo pequeño me ha ayudado a descubrir mi necesidad de escaparme y liberarme, pero muchas veces puedo hacerlo responsablemente llevando a mis hijos conmigo. La mayoría de las madres aquí llevan esta forma de vida.

 Mi familia y yo finalmente dejamos el edificio, pero notamos que Zipporah había desaparecido. La bolera estaba a menos de un kilómetro de nuestras casas. Después de que Amos y yo nos bañamos y metimos a los niños en la cama, volví a ver a Zipporah para asegurarme de que estaba bien. La encontré dentro de la bolera en el bar con algunos de nuestros amigos. Finalmente, Zipporah, Conso A., su marido, Antonio, Stella y yo acabamos un poco ebrios, hablando en voz alta de tonterías. Zipporah convenció de alguna manera a Conso para cargarla sobre su espalda, borracha e inconsciente del peso de Conso. Mientras Conso intentó subirse, ambas cayeron al suelo. Stella y yo estábamos riéndonos histéricamente. Sentí la necesidad de tomar el mando de la situación y ayudar a Conso a entrar en su coche. Ella nos dijo adiós a todas mientras se marchaban. Zipporah y yo besamos a los demás que se quedaron y nosotras nos fuimos de vuelta a casa que estaba cerca. Caminando y hablando sobre la noche pasada, ambas reconocimos que el tiempo pasado en España ha estado modificando positivamente nuestra percepción de los europeos. Nuestras verdaderas amistades en España nos ayudan a perpetuar este crecimiento interior. Zipporah y yo estamos agradecidas por esta transición mental y espiritual.

Al día siguiente había otro evento planeado para la noche. Todas sentimos que sería bueno cenar juntas, fuera de la clase de baile. Al mismo tiempo, esta era también una tradición que celebraban como amigas anualmente, tener un gran almuerzo juntas. Zipporah y yo nos sentimos honradas no sólo de ser profesoras de esta clase, sino amigas a las que eligieron invitar. El acontecimiento comenzó a las dos y media; sin embargo, Zipporah y yo llegamos un poco tarde. Cuando entramos, vestidas para impresionar, todas las mujeres nos saludaron con admiración y cariño. Mirando alrededor, me di cuenta de la elegancia de este restaurante y lo lleno de gente que estaba. Todas las mujeres de nuestra mesa llevaban un bonito vestido o blusa. Iban perfectamente maquilladas, y el pelo recién peinado. Esta fue una experiencia muy hermosa. Tanto mi hermana como yo nos sentimos absolutamente privilegiadas de haber sido recibidas en este dinámico grupo de amigas. Hacía mucho ruido dentro del restaurante, como si el rasgueo de un gran bajo estuviera golpeando a través de mi cuerpo. Los sonidos de muchas conversaciones, risas, platos y vasos que chocaban me rodeaban como un aura de felicidad. Nuestro español seguía siendo muy limitado, pero sospecho que las mujeres disfrutaban usando el traductor. El constante ir y venir de teléfonos móviles, cada una esperando tener la traducción correcta... Era un tanto cómico. Zipporah también estaba inmersa en la experiencia. Incluso se emocionó un poco mientras tomaba el sol en ese momento. Estas mujeres son muy comprensivas. Respetan el estilo de vida de "alimentación consciente" de mi hermana y se aseguran de que entienda bien el menú. En consecuencia, la interculturalización continuaba. Aún sigo quedando con algunas de estas mujeres del grupo, y otras se han convertido en mis queridas amigas. Sentada a mi derecha estaba Stella. ¡Era el alma del grupo, era muy divertida! La mayor parte del tiempo, Stella se mostraba tonta y boba, pero no le importaba lo que pensaran los demás. Era dulce, parlanchina y muy especial. Ella tiene una gran personalidad y adoro su espíritu sociable. Como ya he comentado, Stella era la madre de Pelayo, compañero de clase de Amari. Para ser honesta, cuando conocí a Stella, no estaba segura de si nos llevaríamos bien, ya que puedo ser muy reservada e introvertida, lo que hace que hable o comparta menos. Stella representaba todo lo opuesto a mi personalidad, y no estaba segura de si encajaríamos. Sin embargo, me equivoqué y con el tiempo, nos hicimos íntimas. Ella, junto con la mayoría de mis amigas españolas, ha sido fundamental en mi aprendizaje del español. Ella tenía el deseo de mejorar su inglés y yo tenía el deseo de aprender español. Ambas nos ayudamos mutuamente a lograr ese objetivo. Stella practicaba su inglés conmigo, y yo practicaba mi español con ella. No puedo explicar el sentimiento, pero siempre me sentí como si estuviera en una escena cinematográfica cada vez que pasaba tiempo con Stella. Ella siempre hablaba su lengua materna con pasión y sentimiento profundo, mientras que yo hablaba mi lengua materna con confianza y orgullo. Prefería que me hablara en su lengua, pero también entendí que ella deseaba aprender tanto como yo. A medida que avanzaba el tiempo, Stella se convirtió en una de mis personas favoritas.

Sentada frente a mí estaba Yoni, una brillante, divertida y loca madre joven de Utrera. Está casada, con dos hijos. Siempre tenía una sonrisa en la cara. Me agradaba mucho porque estaba llena de amor y felicidad. A veces ella se enfrentaba a otra madre que faltaba a menudo, aunque venía lo suficiente. El nombre de esta mujer es Patricia, pero la llamamos Patri. Se sentó en la esquina de la mesa junto a Zipporah, justo a mi izquierda. Patri era hermosa de espíritu, fuerte, cariñosa, intensa y algo arrogante. Cada vez que asistía a la clase de baile, mostraba mucha confianza en su condición física, pero también se divertía. Patri es la definición de una hembra alfa, como yo. Patricia es una gran mujer dinámica que se enorgullece de su maternidad, salud, cuerpo y profesión de policía. Era una madre divorciada con una hija y un hijo con edades aproximadas a las de Aaron y Abi. No estaba segura de por qué ella y Yoni no se llevaban bien, pero era una interacción cómica siempre y disfruté observándolas en acción. Todas estas mujeres jugaron un papel en mi integración en Utrera. Siempre estaban dispuestas a ayudar. Dos sitios más allá de mí se sentaba Mari Carmen Fernández, una mujer introvertida, adorable, amable, cariñosa y un poco ansiosa. Madre del compañero de clase y amigo de Amari, Eduardo, también tenía una bonita hija llamada Carmen. El nombre de su marido también era Eduardo, quien más tarde se convirtió en amigo de Amos. Adoro absolutamente a Mari Carmen y me intriga su espíritu tímido. Ella es el tipo de madre que fui en los Estados Unidos. Mantiene su vida privada lejos de aquellos que no están en su círculo, pero también socializa y aparece para lo que es importante para ella. Admiraba eso de ella y lo fácil que era hablar con ella. Sentada junto a ella estaba su hermana, Inma Fernández. Ella era amable, tranquila, observadora y considerada. Estaba casada con un hombre dulce llamado Manuel y tenían una preciosa hija, Mariola. Toda la mesa estaba llena de mujeres fuertes, hermosas y amorosas. Nuestra comediante del grupo, Teresa Santo, me hizo reír toda la noche.

«¡Tere!» me corregía cuando la saludé esa noche. Me reí de mí misma pensando que ella sonaba similar a Lucy de *I Love Lucy*. Era un viejo show de comedia de televisión con el que crecí. Tere y yo nos reímos y dimos nuestros besos. Tere era adorable, divertida, malhumorada, peculiar y fuerte. Su marido era simpático y despreocupado, y tienen dos hijas. Como a muchas andaluzas, a Teresa le encantaba ir de compras y se enorgullecía de su aspecto y su ropa. A su izquierda estaba Verónica López, sentada tranquilamente con una sonrisa y una copa de vino. Esta mujer se ha convertido en alguien muy cercana a mi corazón. Vero es preciosa, dulce, inteligente y espiritual. Zipporah y yo desarrollamos instantáneamente un vínculo muy sagrado con ella. Era madre soltera de una hermosa hija que era tan especial y brillante como su madre. ¡Vero tiene un hermoso cabello castaño rizado suave que parece un poco Afro! Su piel es pálida pero ligeramente bronceada, debido a sus numerosas y bonitas pecas marrones. Ella tiene inseguridades y aún no se da cuenta de que es absolutamente Hermosa.

Después de terminar de comer en esta gran mesa en el restaurante Casa Diego, decidimos que era hora de migrar a otro lugar. Dividimos la factura entre todos, 20€ por persona. Estábamos todas llenas y habíamos estado bebiendo vino. ¡Estuvimos en el restaurante unas tres horas! Comiendo, hablando, riendo y bebiendo. Después, decidimos pasar el rato en el Minibar. Saliendo de Casa Diego, caminamos unos diez minutos hacia la plaza. Mientras caminábamos, seguíamos riendo y hablando. Nos quedamos fuera del bar y pedimos unas cuantas bebidas más. Luego nos mudamos fuera de la barra a una pequeña mesa. Zipporah empezó a hablar con un gran grupo de jóvenes guapos que estaban sentados en la mesa contigua a la nuestra. Ella entró audazmente en el centro del grupo y comenzó una conversación con ellos mientras yo hablaba con mis amigas. Unos momentos después, Zipporah se nos acercó a Patri y a mí con un pedazo de marihuana en la mano.

«¡Chica, huele esto!» Insistió mientras me lo acercó a la cara.

«¡¡Mmm. ¡¡Huele bien!!», respondí.

«¿De dónde has sacado eso?» Patri preguntó lentamente en inglés.

La combinación de su embriaguez, agresión natural y sentido de los deberes policiales parecía extraña. Confundida, la miramos con caras pálidas. Entonces empezó a meter la mano en su bolso a toda prisa y, por alguna extraña razón, supe exactamente lo que estaba buscando. Su placa policial.

Molesta pero tranquila, agarré a Patri del brazo y le supliqué: "¡Patri, no!".

Pero borracha y agresiva, se soltó de mis manos. Se puso rápidamente delante de los hombres y mostró su placa. El hombre que le dio la marihuana a Zipporah era joven, increíblemente guapo, alto, musculoso y bien vestido. También hablaba un poco de inglés. De repente, el joven sacó su placa de oficial de seguridad y se la mostró a Patri. Esto me pareció un poco divertido ya que parecía un "enfrentamiento". Pero a Zipporah no le pareció divertido. Sentía vergüenza de Patri. Pero Patri seguía intercambiando palabras con el joven. No le importaba su placa de policía. Parecía que quería cortejarla. Zipporah expresó lo enojada que estaba y se marchó. Mari Carmen siguió a Zipporah para asegurarse de que estaba bien. Poco después, Patri y Zipporah hablaron. La marihuana es legal en España, pero con ciertas discreciones. Es ilegal consumirla en lugares públicos. Entendí y respeté la posición de Patri. Ella es nuestra amiga, pero también es policía y tenía la obligación de asegurarse de que conociéramos la ley y estuviéramos cumpliendo con ella. Sin embargo, Zipporah y yo no podíamos comprender cómo la ley permite a la gente fumar legalmente cigarrillos venenosos de base química, mientras fruncimos el ceño sobre una planta natural que se cultiva en la tierra. Rápidamente superamos ese pequeño drama y continuamos nuestras «tipsy travesuras nocturnas».

A Zipporah y a mí se nos acercó lo que parecía ser un vagabundo. Nuestros amigos nos habían explicado antes de que se acercara, que este hombre en particular había sido un famoso diseñador de ropa y conocido en toda España por su trabajo. Lamentablemente, con el tiempo se hizo adicto a las drogas. Nos pidió dinero a mi hermana y a mí, pero mi hermana lo desafió. Ella le dijo que tenía que diseñarle un vestido si quería dinero. El joven apuesto de antes le tradujo. El vagabundo se alejó y regresó con un papel y un bolígrafo en la mano. Sorprendido pero entusiasmado, lo vimos dibujar lentamente en el papel mientras el otro joven tradujo al español lo que Zipporah describía.

Entonces le preguntó: "¿Cuánto tiempo permitirás que esta droga te mate lentamente?". Ella se lo dijo con amor y no por compadecerlo. Valoré al vagabundo por dibujar el vestido, pero me sentí más orgullosa de mi hermana por enviarle esa pizca de ánimo y amor sincero. La noche fue divertida y estuvo llena de acontecimientos y me dolía el cuerpo de tanto reírme al llegar a casa. Estaba feliz de haber tenido una noche tan hermosa con mi hermana y mis nuevos amigos.

Noches como esta empezaron a hacerse frecuentes y algunas de las madres y yo nos hicimos más íntimas. Habían pasado los días festivos y, para entonces, ya era miembro permanente de un grupo de madres y amigas que nos acogían abiertamente en su rutina diaria de café matutino después de dejar a los niños en el colegio. Las últimas dos semanas noté una hermosa presencia perdida. Era Stella. Durante el último par de semanas después de las vacaciones, Stella no había aparecido ni por la clase de baile ni por el café del desayuno. Esa mañana en particular, me encontré con ella. Nos abrazamos con alegría al vernos. Le pregunté cómo se sentía. Esta pregunta le dio a Stella la oportunidad de abrirse a mí y me dijo que le habían diagnosticado una enfermedad espinal. Fue una noticia desgarradora porque Stella ya estaba luchando contra la escoliosis, que es una afección espinal en la que un individuo nace con una curvatura en la columna vertebral. Puede llegar a ser muy dolorosa. Por lo tanto, enterarse de que a sus problemas de columna se añadía otra dolencia, condujo a Stella a una pequeña depresión. El padre de Stella, su novio, Hugo y yo éramos los únicos que sabíamos de su enfermedad. Stella me hizo saber que quería mantenerlo así por el momento. Me dijo que no había estado viniendo últimamente porque necesitaba tiempo para procesar sus noticias y sentimientos. No quería que sus amigas le tuvieran lástima o la trataran de manera diferente. Yo accedí y me sentí honrada de que confiara en mí lo suficiente como para compartir ese detalle íntimo conmigo. Luego la abracé de nuevo e hice todo lo posible para animarla con ideas y frases positivas. Le dije que creo que Dios tiene la última palabra sobre la vida y la salud de uno. Stella estuvo de acuerdo. Ella me aseguró que es una guerrera fuerte y que continuará luchando y siendo feliz. Sé que Stella a menudo dependía de su «maternidad» para sacar fuerzas. Estoy convencida de que cada vez que miraba a los hermosos ojos marrones de Pelayo, experimentaba un intercambio de poder y supervivencia no verbal llenos de amor. Este amor entre ellos acompaño a Stella en algunos de los momentos más oscuros de su vida. Antes de que nos marcháramos, le prometí a Stella «Comida para el alma». ¡Le aseguré que la comida haría que su alma y su estómago se sintieran mucho mejor! Le dije que Amos y yo le prepararíamos pollo frito. Uno de nuestros amigos comunes, Pedro, había presumido un día delante de Stella de haber probado el pollo frito de Amos y ella lo había pedido numerosas veces. Pues bien, una amistosa cena con pollo para Stella y su familia se convirtió en toda una fiesta en nuestra casa. Stella me enseñó que está bien desprenderte de tu orgullo y ser vulnerable cuando sabes que estás confiando en una persona de confianza. A veces, liberar las cargas que te aprisionan puede hacer que cualquier persona se sienta mejor, disminuyendo la sensación de soledad. ¡Dios es tan bueno! Él sabe la forma de poner a la gente en nuestras vidas en el momento perfecto. Stella fue eso para mí como sé que yo lo fui para ella. Disfruté nuestras conversaciones y nuestra conexión esclarecedora.

Por ejemplo, el lunes por la mañana, después de terminar mi rutina habitual, acabé a solas con Stella. Dejé a mis hijos en el colegio y fui a la cafetería de siempre a tomar un café con mis amigas. Conversamos sobre diferentes cosas . Al final, todas las madres se fueron yendo una a una, teniendo diferentes mandados que hacer. Así que, sólo nos quedamos Stella y yo. Nuestra conversación comenzó con ella compartiendo sus heridas y dolores del pasado. Esto la hizo pensar y pude verla de repente estudiándome en su cabeza.

«¿En qué estás pensando?» Pregunté, curiosa por saberlo.

«Bueno», comenzó con su voluntad de hablar inglés.

Me di cuenta de que tenía mucho que decirme a mí en particular.

«Creo que eres una persona muy positiva y feliz. Pero creo que tú y tu hermana habéis tenido un pasado difícil y triste. Pero esa parte de ti la mantienes muy..." -Stella hizo una pausa en busca de la palabra en inglés en su mente- "privada", terminó con entusiasmo al encontrar la palabra.

"Hay ciertas partes de ti que mantienes encerradas dentro de ti", continuó Stella. Intrigada y sorprendida por su asombrosa observación veraz de mí, estuve de acuerdo. «Tienes razón», simplemente respondí en español.

Stella es normalmente muy peculiar y divertida. Pero esta conversación en particular me llamó la atención porque pude ver su lado serio . Stella no estaba equivocada. Había estado tan feliz y en paz aquí en España que me negaba a abrirme sobre mi doloroso pasado. Sentí que tal vez era la forma en que Stella me decía que podía verme incluso cuando intentaba que no me vieran. Creo que ella quería que me sintiera más cómoda para abrirme a ella como ella ya lo había hecho conmigo. Este breve momento me dio más paz y consuelo. Antes de irnos esa mañana, Stella y yo finalmente fijamos una fecha para la cena con ella y su familia. Le dije: «Cena de pollo frito en mi casa, la semana que viene, el sábado por la noche. Comeremos, beberemos, reiremos y bailaremos". También le informé que Tere y Conso A., junto con sus familias, también vendrían. Esto hizo que Stella se emocionara aún más.

Llegó el sábado de la cena y la preparamos todos juntos. Amos hizo el pollo frito y los frijoles al horno. Zipporah preparó los macarrones y el queso, y yo preparé la ensalada de col rizada. ¡Todo salió perfecto! Limpiamos la casa y lo ordenamos todo. Esa noche estuvo llena de diversión y risas. Teníamos música, mientras los niños jugaban y saltaban en el salón. Todos los adultos pasaron la mayor parte del tiempo bebiendo y riendo en el comedor. Intentamos sentarnos afuera, pero la noche estaba fría. Era un poco cómico ver que los cuatro maridos parecían tener personalidades similares. Amos, Hugo, Antonio y Víctor eran tímidos pero divertidos, tranquilos y extremadamente amables. Sin embargo, una vez que todos se sintieron cómodos y seguros, el humor comenzó a surgir. Era la tercera fiesta en casa que hacíamos desde que estábamos en España. El sentido de familia y comunidad siempre está presente entre nuestros amigos españoles. Cuando nos reunimos todos, nos convertimos literalmente en una gran familia. Si un niño se hace daño o llora, no son sólo sus padres los que vienen corriendo a ayudar, sino todos los padres. Todos trabajamos colectivamente para asegurarnos que todas nuestras familias fueran atendidas como un todo. Víctor, el marido de Tere, era muy observador, pero puedo decir que disfrutaba de nuestra compañía. Él es gentil, despreocupado, tranquilo pero apasionado. Él adora a su esposa, Tere, y a sus dos hijas. Es un gran trabajador y tiene una imprenta y una copistería aquí en Utrera. Durante nuestra cena, Conso A. y yo terminamos hablando un poco de su relación con Antonio. Antonio estaba allí y pudo confirmar o negar cualquier acusación. Fue entonces cuando les sugerí por primera vez a ambos leer un libro sobre los lenguajes del amor. Para animarlos a hacerlo, compré dos ejemplares del libro *Los cinco lenguajes del amor*, de Gary Chapman. Antonio es un buen hombre y me di cuenta de que era muy atento. Puedo decir que ama a su esposa y a su familia y trabaja duro para proveerles de todo lo que necesiten. Creo que su lenguaje de amor es "proveer". Antonio puede no ser afectuoso, pero demuestra su amor al proveer a su familia. El lenguaje de amor de Conso A.

parece ser el "afecto", lo que puede suponer una ligera tensión en su relación. Ella necesita afecto mientras él necesita proveer. Les informé que ambos necesitaban aprender el idioma del otro para sobrevivir como pareja, pero primero necesitaban el deseo de que sobreviviera la relación. Fue agradable dar consejos a mis amigos de amor y comprensión. Nuestra relación no es perfecta, pero hemos tenido que tomar decisiones difíciles para mejorarla. Con la ayuda de Dios, Amos y yo hemos recorrido un hermoso y largo camino como pareja, y ambos estamos orgullosos de nuestro avance. La cena resultó ser una maravilla y mi familia y yo nos sentimos felices de compartir una parte de nuestra cultura con nuestros amigos. Cuando la noche terminó y todo el mundo se había ido, Amos y yo decidimos que teníamos que volver a hacer esto con nuestros otros amigos.

A la semana siguiente llegó el pedido de los libros de *Los cinco lenguajes del amor*, y yo estaba encantada y preparada para reunirme con las mujeres para nuestro café matutino. Estaba ansiosa por darle a Conso A. su libro. Esta mañana en particular, las mujeres y yo tomamos el café en un bar diferente porque nuestro bar habitual había cambiado de dueños y estaba siendo renovado. Quedamos en el Palodhu Gastrobar, propiedad de una hermosa pareja, Consolación y Matías. Su bar más tarde se convirtió en uno de mis lugares favoritos de Utrera. Matías es un verdadero artista/chef y el servicio de Consolación siempre es genial.

Conso A. quería saber cómo pude ver lo que pasaba entre ella y su marido. Se quedó perpleja sobre mi capacidad de discernimiento porque no entendía del todo el significado de la palabra, aunque pienso que ella posee el mismo don. A decir verdad, utilizamos el traductor un poco más de lo habitual. Me explicó cómo se sorprendió de que supiera y pudiera ver que Antonio la quería mucho. Sin embargo, él no lo demostraba. Incluso mencionó que su hijo menor, Adrián, es muy parecido a su padre y también carece del lenguaje amoroso del afecto. Luego traté de explicarle cómo discernir entre el espíritu de un individuo y su apariencia. Cuando volví a hablarle sobre los lenguajes del amor, le informé de que les había encargado a ella y a su marido dos ejemplares. Ambos en español, por supuesto.

«Acaban de llegar», dije con emoción. Mientras se sentaba a mi lado, sonriendo a los dos libros, pude ver que también se sentía emocionada. Nuestras otras amigas sentadas en la mesa también tenían curiosidad por el libro. Estaba emocionada y agradecida. Luego me abrazó y besó mientras todos observaban y adoraban este gesto amoroso. Unos días después, Conso A. me trajo un frasco lleno de miel fresca. Creo que era la forma en que ella y Antonio me hacían saber que apreciaban los libros. Lo tomé como un intercambio de regalos.

Finalmente, llegó el día de la próxima cena «americana» para nuestro otro grupo de amigos españoles. Era principios de marzo y una hermosa tarde de viernes. El tiempo era perfecto mientras limpiaba y preparaba la cena tanto en el interior como en el exterior. Me encantó cómo los españoles disfrutaban de cenar y pasar tiempo al aire libre. Este también era mi lugar favorito para pasar tiempo a solas, afuera en mi patio. Ahora tuve la oportunidad de compartir mi espacio con nuestros amigos. Amos preparó sus famosas alitas de pollo fritas además de perritos calientes, patatas fritas caseras y su riquísima salsa de salchichas y queso. Al principio, cuando todo el mundo llegó estaban un poco inhibidos y cortados. Sin embargo, cuando todos comenzaron a probar la comida, ¡el ambiente cambió instantáneamente! Era la primera vez que la mayoría de nuestros invitados probaban comida americana. ¡Les encantó! Emilia incluso utilizó continuamente la expresión común en español, traducida como "¡buenísimo!", para describir la comida de Amos. Aunque no ayudé a Amos a cocinar, me sentí igualmente feliz y orgullosa de que disfrutaran tanto de nuestra comida. Todos seguimos comiendo, riendo, hablando, bailando y bebiendo. María, de la República Dominicana y su marido también vinieron. Esto fue genial porque fue durante el tiempo que Danny estaba pasando por problemas de salud y necesitaba salir y conocer gente nueva. Tuve una breve conversación con Danny sobre cómo él y José me recordaban el uno al otro. Me preguntó por qué. Le expliqué lo mejor que pude que tenían muchas similitudes. Antes de que pudiera presentar el uno al otro, José y Danny empezaron a hablar y conectar esa misma noche.

Más tarde, Danny vino a mí en privado y bromeó: «Tenías razón. Eres una vidente" lo cual era su manera de decir que tengo buena intuición y discernimiento. Me informó que estaba feliz de haber decidido unirse a María. Admitió que necesitaba esta noche, ya que la estaba disfrutando.

María y Fernando también se divirtieron. Conversamos sobre las diferencias en la cultura. Un aspecto de esta conversación que conmocionó a María y Fernando fue lo común que era para los estadounidenses casarse a una edad tan temprana. Esto le resultaba extraño a ellos. Objetaron que en España los adultos suelen establecerse y tener hijos en edades posteriores que van desde los treinta y cinco a los cuarenta años de edad. También hablamos sobre las horas de comer. Como estadounidenses cenamos entre las cuatro y las siete. Pero aquí en España la cena no es antes de las diez hasta la medianoche. Mis dos hermanas Zipporah y María alegraron la fiesta con sus espíritus vivos y divertidos. Empezaron a reír y bailar juntas mientras otros se les unieron. Todos hablábamos de nuestras vidas y de nuestros idiomas mientras compartíamos la música con los demás. Como la música es un lenguaje universal, siempre es común compartir música entre amigos y durante las reuniones. Natalia y José suelen estar limitados con el tiempo que pasan fuera del trabajo o con su hija. Sin embargo, cuando salen, se liberan y se divierten. Me alegró ver que se sentían lo suficientemente cómodos con mi familia y conmigo como para mostrarnos su lado festivo. ¡José incluso bailó un poco! Fue divertido verlo y todos nos reímos. Los niños también se divirtieron. D'iona pintó las uñas de las niñas: Valeria, Victoria y Cayetana. Iván Luis y Amari jugaron PS4 con Danny. Todos los niños jugaron y vieron películas hasta que se quedaron dormidos, cada uno de ellos esparcido en su lugar de descanso por el comedor. Mirando mi teléfono mientras veía a los niños dormir, me di cuenta de que era muy tarde; eran alrededor de las cuatro de la mañana. Al final de la noche, todos nos sentamos en el comedor alrededor de la mesa y hablamos unos minutos más antes de separarnos. Todos se despidieron y se fueron a casa cansados, llenos y felices. María y Danny se fueron primero, después Natalia y José, luego Emilia y Agustín. Los últimos fueron Fernando y María. Otra gran observación de la noche fue que Danny era reacio a venir. Todavía estaba luchando con problemas de estómago y no quería estar cerca de mucha gente. Sin embargo, Danny finalmente fue diagnosticado correctamente y poco a poco comenzó a sentirse mejor. Esta noche, viniendo a mi casa, era la primera vez que salía en meses y hacía vida social. Mi corazón sonrió mientras lo veía jugar videojuegos con mi hijo, reír y conversar con todos. Al día siguiente, María expresó lo feliz que estaba de que Danny lo pasara tan bien. También yo estaba feliz de encontrarme con ambos y poder llamarlos "mis amigos".

El siguiente sábado por la tarde teníamos un asado programado con amigos. Este evento fue planeado con meses de antelación, así que todos estábamos emocionados por volver a vernos. Zipporah no se sentía bien para asistir así que se quedó en casa. Llegamos al parque alrededor de la una y media de la tarde. Este parque en particular es uno de los más grandes de Utrera llamado el Quinto Centenario. El parque tenía un pequeño café-bar donde se celebraban fiestas y eventos. ¡Hacía un perfecto día soleado! Todos íbamos cómodamente, vestidos con ropa informal. Mientras caminábamos hacia donde habíamos quedado con nuestros amigos, empezamos a percibir muchas miradas. Finalmente los encontramos abriéndonos paso por el parque. Era uno de esos días soleados pero fríos. No éramos la única familia deseosa de aprovechar el hermoso día. ¡Había muchas familias en el parque este domingo en particular! Jessica se reunió conmigo allí y estuvimos hablando un rato mientras le presentaba al resto de mis amigos. Ella estaba feliz de pasar el rato y conocer a gente nueva. Conso A. y Jessica se llevaron muy bien. Aunque

Jessica no se quedó mucho tiempo debido a sus compromisos familiares, aprovechó al máximo el tiempo con nosotros. Agradecí muchísimo que viniera. Finalmente saludamos a todos nuestros amigos que estaban allí. Fue bueno ver a todos, ya que no los habíamos visto desde hacía un tiempo. Fue un hermoso día y ocurrieron algunas cosas interesantes. Por ejemplo, cuando nos acercamos y saludamos a todos mis amigos, noté que Aaron había desaparecido. Miré a mi alrededor y vi su camiseta amarilla neón al otro lado del campo junto a un gran grupo de sus compañeros de clase. Se amontonaron alrededor de Aaron como siempre lo hacían en la escuela y lo abrazaron y besaron. Sonrió emocionado mientras aceptaba sus muestras de cariño. Eran Cristina y sus amigas. Me disculpé educadamente ante mi único grupo de amigos y me fui a saludar. Todos me dieron la bienvenida y me ofrecieron una cerveza que no pude rechazar. Todos hablamos unos minutos. En la conversación, Anita exclamó que mi comprensión del español era muy buena. «¡Tu comprensión del español es genial! ¡Entiendes mucho!» exclamó con sorpresa y emoción. Intenté mantenerme humilde por fuera, aunque sonreía de orgullo por dentro. Charlé con ellos un rato más y luego regresé a mi grupo de amigos porque no quería ser maleducada. Sin embargo, fue una agradable sorpresa encontrarlos.

María llegó con su hija, Claudia. Ella y todos los demás se decepcionaron al saber que Zipporah no podía venir porque era el alma de la fiesta. Aún así, María se integró en el grupo y se lo pasó muy bien con todo el mundo. La mayoría de nuestros amigos adoran a María, porque siempre es vibrante, amable, franca y encantadora. Amos, Eduardo y Antonio cocinaron juntos el asado de carne y las verduras. María y yo, de repente, decidimos tomar café en el bar cercano. Ella preguntó a algunos de nuestros amigos qué querían y Tere, Conso A. y Stella pidieron un café. Trataron de invitar a María, pero ella se negó. Al volver, me di cuenta que Mari Carmen estaba molesta por algo. Ella se ofendió porque María no le había preguntado personalmente si quería café. Ella se sintió ofendida, ya que era grosero habérselo preguntado a las otras chicas y a ella no. Me sorprendió enormemente y me divirtió la ira de Mari Carmen. Resultaba adorable hasta en su ira. Aunque sé que no le pareció gracioso, Mari Carmen sintió que le faltaron el respeto. Consideró que las acciones de María, o la falta de ellas, para ofrecerle un café fueron "muy feas". Traté de explicarle a Mari Carmen que no era personal sino un simple descuido. De todas formas, todos lo pasamos muy bien. Todos comimos, los niños jugaron, y bailamos y reímos hasta que se puso el sol.

Era a principios de febrero y el frío se estaba acabando. Nuestra clase de baile estaba dándose a conocer más y yo estaba contenta de conocer a nuevas mujeres. Este día, en la clase de baile, aprendí una valiosa lección de Conso A.. Nuestra clase de baile estuvo llena este día en particular, había cuatro personas nuevas además de nuestras diez fieles alumnas. Había una mujer particularmente hermosa a la que Conso A. me presentó. Ella especificó que la mujer era la madre de un niño de la clase de Amari. Sin embargo, cuando dijo el nombre del niño mi corazón dio un vuelco. Paco Gómez era el mismo compañero de clase con el que Amari tuvo problemas durante meses. A pesar de todo, amablemente la besé según la costumbre y me presenté. Era muy simpática, con una cara amable y una buena actitud. Pero durante toda la clase ese día, mi mente se mantuvo centrada en Paco y su madre. Después de que terminó la sesión de clase, la vi a ella y a mi hermana riéndose y conociéndose mutuamente. Los miembros de la clase charlaron entre sí después de la sesión y se me acercaron Conso A. y Stella. Hablaron conmigo de bailar y hacer ejercicio, pero para ser honesta mi mente estaba centrada en Paco Gómez y su madre. Mientras veía a mi hermana conversar felizmente con ella, ¡tenía que saberlo! ¿Era la madre de Paco Gómez? Entonces saqué mi traductor y le pregunté discretamente a Conso A. Ella respondió de mala gana que sí. En ese momento traté de ocultar mi ira, pero no pude. Conso A. vio el destello de ira en mis ojos y me dijo con calma que "esperara y mantuviera la calma". Le pregunté si le parecía buena idea que le dijera algo a la madre de Paco sobre el acoso a mi hijo, pero Conso A. me repitió que debía esperar. Mientras trataba de calmar mis emociones, intenté comprender las intenciones de Conso A. Entonces Conso A. me planteó la situación bajo un punto de vista interesante mientras íbamos andando hacia la escuela para recoger a nuestros hijos. Esencialmente, el espíritu de Conso A. me estaba enseñando una hermosa lección y Zipporah la confirmó. Todo pasa por algo. Dios pone a la gente en nuestras vidas con un propósito y no ha sido por casualidad que la madre de Paco Gómez viniera a nuestra clase de baile y todos acabáramos cayéndonos bien. También aprendí que el hecho de que nuestros hijos se peleen no significa que los padres no puedan ser amigos. Nosotros somos los adultos y al mostrarnos amables unos con otros, estamos enseñando a nuestros hijos un camino distinto.

Conso A. no dijo esto exactamente; sin embargo, ese es el mensaje que mi espíritu recibió de ella. Conso A. a menudo me sorprendía y estaba agradecida de recibir su sabiduría. Nuestra conversación alivió mi mente y mi corazón mientras sentía un cambio poderoso dentro de mí.

Siempre fue un placer pasar tiempo con mis amigos españoles. Sin embargo, a menudo echaba de menos contactar con mis amigos estadounidenses. Aquí en Utrera hay muchos estadounidenses viviendo, debido a la base aérea de Morón que está relativamente cerca. Debido a que Amos trabajaba en la base, pudimos establecer contacto con algunos militares y empleados de la compañía. Jessica es esposa de un militar, pero la conocí aquí porque su hijo asistía a los Salesianos. Esto hizo que nos uniéramos y nos viéramos a menudo. En cambio, conocer a mis otros amigos estadounidenses, Jennifer, Annette, Toni y Terrance, fue una cosa diferente. Cada contacto era único y especial.

Recuerdo la primera vez que supe lo de Jennifer por Amos. Jennifer era compañera de Amos. Ella, Annette y Terrance trabajan para la misma compañía. Unos meses antes, le dijo a Amos que deseaba unas "hermanas melanizadas con las que pasar el rato".

«Tengo una esposa y una hermana en casa», respondió Amos en un tono gracioso.

El siguiente fin de semana invitamos a Jennifer a una fiesta en casa. Jennifer es una mujer de mediana edad muy fuerte y franca. Le encanta viajar y socializar. Es extremadamente habladora, pero dulce, severa, atrevida, un poco odiosa, mandona y extremadamente divertida. Me gusta porque ella dice lo que piensa, como yo. Después de una deliciosa cena preparada por mi chef favorito, Amos, nos sentamos afuera y tomamos algo de beber. Jennifer y Zipporah ganaron confianza entre ellas mientras bromeaban, contaban chistes y se reían. Me encantó haber conocido a Jennifer e hicimos propósito de mantenernos en contacto. Un día Jennifer estaba haciendo una barbacoa en su casa con compañeros de trabajo y amigos y nos invitó a mi marido y a mí. Era el mismo día y hora en que Amari y D'iona asistieron a la fiesta de cumpleaños de Greta. Dejamos a los pequeños en casa de Tía Patri y nos fuimos al asado de Jennifer. Ella es chef de profesión y su casa era hermosa y bien preparada para entretener. En su mayoría eran estadounidenses los que estaban. Uno de los estadounidenses estaba casado con una mujer española y me llamó la atención por su brillante personalidad. Se llamaba Rosa. Tenía una hermana de Madrid de visita que se llamaba María. Mi conversación con María fue muy agradable porque era paciente y amable, ayudándome a practicar mi español. El asado fue divertido y todos nos lo pasamos genial. Cuando la mayoría de los invitados comenzaron a marcharse, algunos nos quedamos para hablar, reír y bailar un poco más. Con el tiempo Jennifer se convirtió en familia para nosotros y el contacto era algo que ambas necesitábamos.

    La próxima vez que tuve el placer de ver a Jennifer fue en la primera cena de empresa que se celebraba en Sevilla. Estábamos felices de vernos unos a otros, así como de ver a otros estadounidenses asistiendo. No sólo socialicé con Jennifer y otros, sino que había otra reina allí alrededor de la edad de Jennifer por la que me sentí atraída. Su nombre era Annette. Era una mujer negra americana de mediana edad que trabaja en la base aérea. Era alta, hermosa y tenía la piel morena más hermosa y saludable que jamás haya visto. Su exterior parecía serio, pero su corazón era amable y puro. Ella era sabia y no toleraba tonterías. Inicialmente conocí a esta poderosa mujer en agosto de 2018 durante la feria de Utrera. Pero aquella noche, en la cena de empresa pude conocerla un poco mejor. Al instante hicimos clic y ella me hizo saber que yo le agradaba. Annette es una persona muy introvertida, así que me sentí honrada de que le agradara. Ella era mayor que yo y Dios tiene una forma curiosa de poner siempre mujeres mayores en mi vida para que sean una pequeña voz de sabiduría. Intercambiamos números e hicimos la promesa de reunirnos nuevamente. El siguiente encuentro fue una cita de peluquería que Annette concertó con Zipporah. Quería trenzas, pero antes necesitaba un tratamiento capilar completo. Zipporah no dudó en tomarla como cliente y le aseguré a mi hermana que le encantaría Annette. Ese día se convirtió en una reunión familiar porque no sólo Zipporah me invitó a estar con ellas durante la cita de Annette, sino que también estaba en la ciudad una de las amigas más íntimas de Zipporah de Florida. Era más bien un día de mujeres para sentarse, hablar y reír. Chelle era una hermosa, fuerte y talentosa mujer haitiana-estadounidense. Ella y Zipporah estaban muy unidas y me alegraba que fueran tan amigas. Cuando la conocí, no fue agradable porque Zipporah la invitó egoístamente dos semanas antes de mudarse a su propia casa. No me importaba tener compañía en mi casa siempre que conociera a la persona y estuviera al tanto de que iba a venir. Yo no era consciente de que Chelle necesitaba quedarse en mi casa en ese momento y me quedé lívida. Zipporah y yo incluso tuvimos una fuerte discusión al respecto, pero rápidamente lo resolvimos.

Durante sus dos semanas en mi casa, Chelle y yo llegamos a conocernos. Observé que conocía muy bien a Zipporah y que podía estar de acuerdo conmigo en ciertos aspectos que yo consideraba que Zipporah podía cambiar. Al final todas conectamos bastante bien. Esta pequeña situación nos enseñó a Zipporah, Chelle y a mí muchas lecciones valiosas. Estaba contenta de conocer a Chelle y estaba triste de verla irse después de tres largos meses de vinculación. Iba a echar de menos su hermosa forma de cantar y su voluntad de conectar con mis hijos.

Puedo recordar la noche que salimos todos antes de que ella se fuera. Ese mismo día, su familia se puso en contacto con Chelle para darle una mala noticia de sus dos tías. Su tía favorita falleció y la otra estaba en cuidados intensivos y luchando por su vida. Chelle se entristeció mucho con la noticia porque ambas tías eran como madres para ella. Zipporah y mi familia la consolaron durante este duro momento y compraron su vuelo de regreso a casa. Todos decidimos organizar una juerga de dos noches de diversión y positividad para levantar el espíritu de Chelle. Llamé a Tía Patri para que estuviera de niñera las dos noches. Tía Patri desarrolló un vínculo hermoso y permanente con nuestros hijos y somos como de la familia. Siempre aprecié su disposición para cuidar de nuestros hijos.

El viernes por la noche llegamos a la X-Central alrededor de las once y media. Éramos literalmente los únicos cuatro clientes allí. El barman era un apuesto joven brasileño. Nos gustó que nadie estuviera allí porque nos sentíamos como si fuéramos VIPs. Tras instalarnos en nuestro sitio y pedir las bebidas, empezamos a pedir nuestra música y a bailar. Todos pasamos un rato maravilloso bailando y bebiendo toda la noche. Conocimos a otros que entraron en el bar y todos tenían la misma intención, beber y bailar. La noche finalmente llegó a su fin. Acompañamos a Chelle y Zipporah a su casa y nos fuimos a la nuestra.

La noche siguiente, María salió con nosotros. ¡Lo pasamos tan bien! Bebimos y bailamos toda la noche. Empezamos de nuevo en X-Central, ya que lo pasamos muy bien la noche anterior. Tan pronto como llegamos arriba, nos topamos con otros de la noche anterior. Una de las madres del grupo se puso muy contenta al vernos. Intentó presentarnos a todos los que estaban con ella, desde su marido hasta todo su grupo de amigos. Algunos nos saludaron con cariño y otros simplemente nos miraban como ciervos. Su joven hija nos llevó al escenario para bailar con la gente que cantaba en el karaoke. Esa noche todos bailamos hasta sudar, conocimos gente nueva e intercambiamos números. Después, decidimos ir a otro club llamado Morgan. Cuando llegamos, había mucho ambiente. Encontramos la mesa perfecta cerca de la parte delantera del club. Amos pidió bebidas mientras todos bailábamos. Podíamos ver a mucha gente mirándonos de cerca y de lejos, pero seguimos bailando y disfrutando de nuestros últimos momentos con Chelle.

También compartimos tiempo con nuestros amigos estadounidenses Toni y Terrance en una cena que organizaron. Conocí a esta hermosa pareja por medio de Zipporah. Toni era un miembro activo del Coliseum Gym donde Zipporah y yo organizamos nuestra clase de baile. Recuerdo haber visto a Zipporah hablando en inglés con esta joven con el pelo largo, hermoso y oscuro. Hablaban como si ya se conocieran de antes. Fui hasta ellas y me presenté. Nos informó que su marido es un bombero estadounidense en la base aérea. Hablamos, nos enseñamos fotos e intercambiamos números. Toni incluso se unió a nuestra clase esa noche y la disfrutó. Todos hicimos planes para contactar en el futuro para poder conocer a su marido, Terrance.

Más tarde, Toni nos invitó a cenar a su casa y todos estuvimos felices de aceptar la invitación. Cuando llegamos, me di cuenta de lo encantadora que era su casa. La decoración era elegante, y poseían muchas fotos familiares enmarcadas. También tenían un lindo cachorro llamado Boa. Toni y Terrance eran personas algo conservadoras, por lo tanto, no había mucha gente invitada a esta cena y aprecié el tiempo íntimo que todos pasamos. Toni sólo invitó a Amos, a Zipporah, a Jennifer y a mí. Ellas llegaron más tarde esa noche. Toni cocinó algunos de sus deliciosos platos filipinos. Todos disfrutamos de la compañía mutua y nos convertimos en grandes amigos a partir de ese momento. Cuando conocí a Terrance, no estaba segura de cómo interpretar su mirada seria. El tiempo fue pasando y me di cuenta de que él es simplemente un oso de peluche muy divertido. Terrance es un «buen chico de campo» alto, guapo, y divertido. Él nos hace reír a mi familia y a mí cada vez que estamos a su alrededor. Su historia de amor era otra que tenía que anotar en mi diario. Su integridad personal y honradez fue lo que hizo que Toni se enamorase de Terrance.

Toni estaba en la cola del supermercado y había unas cuantas personas delante de ella. Se fijó en el hombre que estaba justo delante de ella. La caja registradora mostraba uno de sus productos con un precio, mientras que el verdadero precio estaba en la etiqueta del producto. Terrance dijo que le estaban cobrando menos. Toni recordaba haber observado a Terrance en ese momento y haber pensado que era un hombre guapo y honorable. ¡Fue amor a primera vista! Finalmente se casaron y se mudaron a España por el trabajo de Terrance. Realmente disfruté escuchar cómo se conocieron y estaba contenta por esta noche. Pasamos un tiempo maravilloso y planeamos repetirlo.

El tiempo parecía correr muy deprisa y los meses se iban volando. Siempre había un evento para asistir o algo que hacer con los niños. Los momentos que pasé con mi familia y amigos fueron muy importantes. La familia de Tina y la nuestra se convirtieron en una tribu. Empezamos a viajar juntos, comer fuera a menudo y todas las semanas estaban en mi casa. Estaba feliz de tenerlos a todos y Dios sabía que los necesitaba. Para mostrar nuestro aprecio, mi familia y yo decidimos organizar una linda cena de cumpleaños para Tina porque significaba mucho para nosotros. Fue un sábado por la noche cuando Tina y su familia vinieron a cenar. Sólo invitamos a algunos amigos de Tina porque queríamos que fuera más íntimo y privado. Estaba la familia de Tina, por supuesto, y su novio, Alfonso, al que todos adorábamos. Fue sencillo, pero agradable. Amos asó carne mientras Zipporah y yo preparamos verduras y macarrones con queso. Después de que todos habíamos cenado, obsequiamos a Tina con un regalo. Era un hermoso collage de fotos de nuestras familias juntas. A Tina y a todos los demás les encantó. Mientras estábamos sentados afuera, comenté con Tina cómo me desalentaba el poco avance del español. También le expresé que sentía que en mi mente ya no entraba ni una palabra más. Ella me dio su más sincero aliento. Nos contó que tanto ella como su madre, Tía Patri, estaban impresionadas por mi comprensión del español y mi rápida capacidad de aprendizaje. También enfatizó que su madre iba a menudo a casa alardeando de mi español.

«¡Y has estado aquí sólo un año, Joy! ¡Guau! Eso es increíble», me dijo Tina en inglés.

Me hizo sentir mejor. Esta noche se trataba de homenajear a Tina, pero ella encontró la manera de motivarme. Bailamos con la música favorita de Tina y jugamos con los niños. La comida y el pastel estaban increíbles, y pude decir que todos pasaron un buen rato. Son momentos como estos los que me recuerdan por qué mi familia y yo estamos aquí. Estamos aquí para conectar, aprender y crecer.

Disfruté de momentos inolvidables con mis amigos porque disfruté aprendiendo. Sin embargo, también tengo la necesidad de sentirme segura en ese aprendizaje, y a veces no lo hago. Recuerdo haber hablado de mi incomodidad en mi proceso de aprendizaje del español con mis amigos Natalia y José. Era viernes por la noche y acababa de dejar a Amari en sus actividades de tarde después de la escuela. Mientras paseaba por la acera, pasé por varios de los cafés ubicados frente al colegio. Vi a Natalia y a su marido José. Hacía tiempo que no los había visto, y se notó en la emoción de nuestro saludo. Nos abrazamos y besamos mientras me ofrecieron unirme a ellos para tomar un café. No quería aceptar, especialmente si querían estar a solas, pero ambos insistieron. Nos sentamos allí y conversamos gratamente sobre muchos aspectos diferentes de la vida. Esta vez Natalia y José me dieron la oportunidad de conocerlos más íntimamente. José había nacido en Andalucía, pero creció en Madrid. En cambio Natalia es del norte de España. Esta circunstancia en sus vidas les dio a ambos perspectivas únicas sobre la cultura española. Fue interesante escuchar esto, ya que estaban de acuerdo en la mayoría de los temas, pero discrepaban en otros.

Consideré a José como uno de mis buenos amigos de habla inglesa. Siempre me daba consejos sobre cómo mejorar mi español. Siempre aprecié su aliento. Todos hablamos de distintos temas, la vida, nuestros hijos, los horarios escolares, mi búsqueda para comprar una casa en Utrera, y así sucesivamente. Recuerdo específicamente que discutimos sobre el clima. Tanto José como Natalia se alegraron de darme una pequeña lección de español mientras nos tomábamos el café. Llevaba mi pequeño cuaderno conmigo en el que solía escribir y memorizar frases en español. A medida que comenzaba la lección, empecé a escribir las diferentes palabras y tipos de frases meteorológicas que me enseñaron. Cuando completaron la pequeña lección, la conversación cambió al tema de su relación. Así que les pregunté cómo se conocieron. José tenía poco más de veinte años y era militar, mientras que Natalia era algo mayor y ocupaba un puesto administrativo profesional. Ambos coincidían en que un día cerraron los ojos y ese mismo día tuvieron una cita. Después de la primera cita ambos fueron inseparables. En los primeros años de su relación habían estado separados por una gran distancia. Finalmente, se casaron y construyeron una vida hermosa junto con su hija, Greta. Disfruté escuchando su historia de amor. Esto nos llevó a la conversación sobre el sexo. Hubo muchas sonrisas y risas entre nosotros acerca de este tema en particular. Me enseñaron frases que podía usar. Una frase en particular que me encantó fue "me pones". Esta frase tenía dos significados diferentes. El primer significado lo dieron sonrojados y riéndose mientras ambos hablaban en inglés. "You turn me on." La segunda fue «Oh, Dios mío, ¡es un placer conocerte! ¡Ya te amo!» La segunda frase se usa cuando conoces a una persona con la que tienes una conexión al instante. Me di cuenta de ello porque estaba teniendo muchas conexiones instantáneas mientras estaba aquí en España. Todos nos reímos del humor de cada frase. Les di las gracias a ambos por este hermoso encuentro que fue como una gran lección que se grabó en mi cabeza.

José me enseñó a usar las nuevas palabras y frases que aprendí en español. No fue hasta casi ocho meses después, cuando finalmente me sentí lo suficientemente segura como para usar esa frase en particular con un contacto que hice. Su nombre es Mariali. Nos conocimos en un centro de recuperación funcional profesional en la ciudad. Mariali es fisioterapeuta y estuvo a cargo de mi terapia. Estaba emocionada por conocer a otra "hermana". Mientras estaba allí, hablamos como si fuéramos grandes amigas. Me contó que su padre es afro-latino de Sudamérica, y que su madre nació en Venezuela. Conectamos de una manera muy linda. Aunque Mariali no sabía mucho sobre su linaje africano, sabía que nuestra «negrura» era lo que nos unía. Mariali es absolutamente hermosa, tanto física como espiritualmente. Su piel es de un tono caramelo dorado, y su cabello es de color marrón oscuro y extremadamente rizado. Era fuerte y más tarde, después de hacernos amigas, descubrí por qué. Está casada y es madre de dos hermosos hijos, Miriam y Adrián. Su marido tiene tres grandes restaurantes locales en Utrera. Mariali es hermosa, honesta, fuerte, inteligente y una gran madre. Sus hijos se hicieron grandes amigos de los míos. Después de conocernos, no pasó mucho tiempo para que nuestros niños se reunieran y jugaran.

De lo primero que me percaté fue que Mariali conocía a bastantes personas, de las cuales muy pocas eran cercanas a ella. Estaba muy cómoda con su vida y parecía que su único objetivo era su familia. Esto hizo que le preguntara cosas. Le pregunté cómo había sido para ella, una chica de tono caramelo y pelo rizado, crecer en este pueblo. Como dije antes, Utrera es un pueblo pequeño y no hay mucha gente con nuestro color de piel. Pensando en mi pregunta, Mariali me contó que había sido discriminada en diferentes momentos de su vida. Esto provocó que al mismo tiempo construyera un muro emocional para protegerse a sí misma. Sin embargo, así como me había sucedido a mí, la experiencia negativa de Mariali con la discriminación la convirtió en una mujer más fuerte y sabia. Cada vez que salíamos juntas admiraba su seguridad y fuerza. Mariali y yo nos sentíamos muy cómodas entre nosotras, así como nuestros hijos. Ella hablaba y entendía un poco de inglés, mientras yo hablaba y entendía cada vez más español. Sin embargo, practicábamos con frecuencia los dos idiomas. Israel, su marido, es alto, guapo, amable y un chef absolutamente genial. Su pasión por la cocina es admirable. Me fascina hablar de comida con él, así como con Amos. Estaba agradecida por esta conexión con Mariali y su familia.

Continué aprendiendo y conectando con la gente de España, así como incrementando mi conocimiento sobre el país. Había muchas ciudades que Amos y yo queríamos visitar. No sólo viajé con mi marido y mi familia, también lo hice con Zipporah, porque además de ser mi hermana, es mi amiga. Una de las mejores. Este año, para su cumpleaños, planeamos un viaje a Rota, un pequeño pueblo en la provincia de Cádiz, al sur de España. Esta ciudad tiene una playa y también cuenta con una base militar americana. Para esas fechas, muchas de las fiestas estaban comenzando. Zipporah y yo decidimos tomar el tren y reunirnos con María la dominicana en ese lugar. Planeamos quedarnos una noche y volvernos a la mañana siguiente.

Mi mente no paraba de pensar mientras estaba sentada en el tren. María nos esperaba en Rota porque trabajó como camarera durante las fiestas. Cuando nos dirigíamos a la estación de tren, recibí un mensaje alarmante de María. En éste nos decía que había sido despedida después de haber tenido un desacuerdo con sus compañeros. Ella estaba enojada, porque sentía que había sido tratada injustamente. Nos había escrito un mensaje para decirnos que ya se iba. Ya en camino, la llamé muy nerviosa para saber si estaba bien. Se la escuchaba triste y un poco angustiada. Le dije que íbamos para allá, que no se preocupara. Le pedí que nos esperara en el hotel, y así lo hizo. Cuando llegamos, María nos recibió en el vestíbulo y nos acompañó a nuestra habitación. Cuando finalmente llegamos a la Feria de Rota, eran las 10:30 pm, y las festividades ya habían comenzado. María se sintió mucho mejor al celebrar el cumpleaños de Zipporah y nos explicó más sobre la compañera de trabajo con la que había tenido el altercado.

Estábamos listos para pasar un buen rato. Cuando llegamos a la feria, el ánimo de María cambió repentinamente. Fue satisfactorio ver y sentir las ganas de fiesta en el ambiente. El ambiente era fascinante, brillante y culto. La noche estaba iluminada con muchas luces de colores. Quizá, lo mejor de la feria fue la imagen vívida de la interculturalización, ya que en Rota viven muchos estadounidenses. Algunos estaban vestidos como estadounidenses normales, mientras que otros llevaban un tradicional traje flamenco. La moda de los presentes fluctuaba entre formal e informal. El ambiente era tranquilo, animado y positivo. Todo era diversión: íbamos de una caseta a otra, bebíamos y conocíamos a gente nueva.

Conocimos a muchas personas de diferentes lugares. Irónicamente, terminamos en el local donde trabajaba María. Su jefe se sentía mal por lo ocurrido, y la llamó para hablar con ella. Cuando llegamos nos dio un trato VIP. Conocimos al DJ, mientras el jefe preparaba nuestra mesa junto al escenario. Todos brindamos por el cumpleaños de Zipporah. Terminamos nuestra noche en ese mismo lugar. No paramos de bailar y reír. María estaba feliz de estar disfrutando de la feria mientras la compañera que la había insultado estaba trabajando y sirviendo mesas. Fue una gran y divertida ironía. Alrededor de las 2 am. decidimos irnos a nuestro hotel para dormir. Caminamos hasta el hotel, hablando fuerte y recordando. Cuando finalmente llegamos, todos nos acostamos en la cama grande. "¡Qué noche!", pensé en español la mañana siguiente. Cuanto más tiempo pasaba en España, más pensaba, soñaba y hablaba el idioma. Todos nos vestimos y salimos. Cogimos el tren de regreso a Utrera mientras seguíamos riendo y bromeando sobre lo increíble que había sido la noche anterior. Hubo muchas noches como estas con mi familia y mis amigos. Cada vez que conocía una nueva ciudad, estaba más decidida a continuar mi viaje y explorar España. Fue agradable ver a otros estadounidenses en diferentes eventos, porque a veces eso me hacía sentir como en casa. Conocer a gente que habla tu mismo idioma puede originar amistades profundas, mientras que con las personas que no hablan tu lengua es más difícil. Sin embargo, me encantan los retos. Valoré a cada persona en mi vida y aprendí lecciones de todas ellas. Aprecié todas mis relaciones aquí, y evalúo mi influencia en cada una de sus vidas.

Recuerdo que conocí a una joven estadounidense a través de Zipporah. Zipporah era como yo en este aspecto, pero más sociable. Disfrutaba conociendo gente nueva y cada vez que salíamos, entablaba una amistad con alguien. Esta joven se llama Tazjaa. Es una hermosa bombera de veintidós años. Zipporah la conoció en su trabajo y se hicieron amigas. La conocimos el sábado cuando Zipporah la invitó a un parque acuático en Sevilla con los niños. Zipporah siempre llevaba a los niños cuando era oportuno. Desde el inicio me gustó la energía de Tazjaa. A pesar de su juventud, es segura de sí misma y juiciosa. Ella es mestiza, pero parecía conectar más con sus raíces negras. Su madre es una afrodescendiente estadounidense, y su padre era caucásico. Fue interesante conocerla. Disfruté escuchar sobre su educación y sus experiencias generales en la vida.

    Me sorprendió un poco su experiencia aquí en España. Tazjaa fue una de las primeras bomberas en la base americana y rompió algún tipo de récord. Nos confesó que sus compañeros bomberos, tanto estadounidenses como españoles, no la aceptaban al principio. De hecho, eran odiosos y ni siquiera la saludaban. Parte de esto era el machismo, porque es una mujer joven que ya había hecho una carrera por sí sola. Sin embargo, sospeché que algunos de estos hombres eran mayores, con más de veinte años de experiencia. Pudieron haber desconfiado de esta joven mujer negra que no conocían. Posiblemente pensaron que los estadounidenses tenían más derechos que ellos, sólo por ser americanos. Tal vez pensaban que ella necesitaba ganarse su respeto. Por supuesto, ésta era mi teoría, pero sólo el tiempo lo confirmaría. Mi sospecha demostró ser cierta. Más tarde ese verano, Tazjaa me mencionó en un almuerzo, que era la primera vez que se sentía incluida, pues la habían hecho parte de su conversación. Esto para mí, era como parte de un progreso gradual. Zipporah y Tazjaa se hicieron amigas, así como nuestra familia. Un sábado por la tarde, Zipporah y Tazjaa llevaron a nuestros hijos a Isla Mágica, un parque acuático en Sevilla. Por lo que Amos y yo pudimos pasar más tiempo a solas. Fue agradable simplemente pasar tiempo a solas con Amos porque trabajaba mucho. Los niños lo habían pasado muy bien con ellas, ¡y estábamos muy agradecidos con ambas!

    Siempre disfruto pasando tiempo con otras personas, pero sobre todo disfruto pasando el tiempo a solas. Necesitaba una pedicura y manicura, así que le pedí ayuda a las chicas. Teresa me recomendó a su amiga Rocío. Mi hermana y yo la conocimos a finales de junio. Tenía un aura muy hermosa y dulce sobre ella. Todos me habían comentado que ella era una especialista con las uñas y me mostraron su hermoso trabajo. Ese día intercambiamos números y me puse en contacto con ella la semana siguiente. Fue muy dulce al anotar mis datos en su agenda. Rocío me recibió con efusión cuando llegué. Me presentó a su hermana, que trabaja como estilista con ella. Rocío me acompañó a la sala de atrás, que era pequeña y con una decoración algo sobria. Las paredes tenían adornos oscuros de lavanda. El lugar tenía un estilo moderno con recortes de diseños marroquíes blancos. En la pared también habían posters que exhibían el trabajo de uñas. La atmósfera era muy relajante. Rocío no hablaba ni entendía mucho inglés, lo cual no era un problema para mí. Aunque todavía luchaba con mi español, mi comprensión del idioma era bastante buena. Hablamos de la vida, de nuestros hijos, la escuela, el trabajo, etc. Me enteré de que tenía muchos primos en Utrera. Por ejemplo, mi vecina favorita, la Sra. Conso, era prima segunda de Rocío. Lo sabía porque la Sra. Conso estaba ansiosa por contarme sobre su relación con Rocío después de ver las publicaciones en las redes sociales, en las que estábamos juntas. Esto me sorprendió. En general, disfruté de mi conversación con Rocío. Su trabajo con mis manos fue hermoso. Elegí un color azulado pálido, y ella añadió un dibujo dorado en el pulgar y en los dedos anulares. Me gustó tanto que decidí hacer de Rocío mi nueva especialista de uñas, al tiempo que se convertía en mi amiga. Fue una experiencia agradable como muchas otras que he vivido en España. Mis encantadoras interacciones y relaciones con la gente no sólo han traído luz a mi experiencia aquí, sino que también me han llenado de paz, amor y comprensión.

Capítulo 4:

Lo que amo y odio de España

Mi traslado a España le dio más perspectiva a mi vida. Al igual que muchas de mis experiencias pasadas en otros países. Amos y yo amamos muchas cosas de España. Sin embargo, hay otras que detestamos y cambiaríamos si pudiéramos. Ser una madre que se dedicó al hogar por mucho tiempo tiene sus pros y sus contras. Vivir en España como madre y ama de casa no encaja con la descripción de aquellas madres que dicen aburrirse y desmotivarse. Al menos no en mi caso. Pueblos como Utrera atesoran a los niños y eso se nota durante el año escolar, las vacaciones, las fiestas de verano, etc. Puedo decir que aprecio ese aspecto de las ciudades más pequeñas, porque la vida parece ser más divertida y libre, como el corazón de un niño. Me he esforzado por dar a mis hijos una infancia mejor que la mía. Estar activa en la comunidad escolar no sólo ha ampliado mis horizontes, sino que ha forjado mi carácter. Desde los proyectos escolares hasta las obras de teatro, todo me ha agradado. Sin embargo, hay situaciones que me gustaría descartar. Por ejemplo, los proyectos escolares para los más pequeños suelen ser realizados por los padres. Todos nos reunimos como si nosotros mismos estuviéramos en la escuela y realizáramos la tarea como un equipo. Aunque éstos son divertidos, también pueden ser un desafío. Aaron, por ser mi hijo más pequeño y estar en un curso más bajo, había recibido varios trabajos escolares para realizar en casa.

En una ocasión, la clase de Aaron tuvo como proyecto familiarizar a los niños con la anatomía humana. La profesora dividió a los alumnos en grupos. Cada equipo tenía que recrear una parte del cuerpo humano y después mostrarla a los demás. El grupo de Aaron se encargaría de los músculos. Yo, todavía no hablaba español con fluidez, por lo tanto, una de las madres, Cristina, se aseguró de que comprendiera completamente mi tarea. Aunque no pertenecía a mi grupo, sabía que tendría preguntas y estaba dispuesta a ayudarme. Más tarde conocí a Anita, madre de los gemelos Xavier y Martina B. Ella me habló del proyecto. El plan era reunirse en su casa a las nueve y media de la mañana para hacer un modelo de plastilina de los músculos y colocarlo en un gran cartel diagrama. Había cuatro madres en total en el grupo: Anita, Ana, Aika y yo. Terminamos pasándolo bien, riendo y conociéndonos. Todas queríamos pasar más tiempo juntas, así que decidimos ir a tomar café. Aunque el día era frío y llovía, no nos importó, cogimos nuestros paraguas y nos fuimos. Hubo un momento incómodo cuando nos sentamos y nos quedamos en silencio mirándonos. Aika exclamó repentinamente con los brazos abiertos y gritando,

"¡americano!".

¡Todas nos reímos! Aika y yo estábamos agradecidas de tener una madre angloparlante con la cual conversar. También me alegró el resultado del proyecto y lo bien que trabajamos juntas. Esto me hizo entender que el trabajo en equipo no sólo es en familia. Todavía no conocía a estas mujeres; todas nos reunimos para un objetivo común y realizamos la tarea más allá de mis expectativas. Me encantó la vigorosa personalidad y fuerte risa de Anita. Su personalidad despreocupada y alegre me motivaba cuando estaba con ella. Siempre parecía traer energía positiva. Experiencias como estas alientan mi creciente deseo de crear un hogar en España, mientras que otras hacen que lo dude.

Más tarde esa tarde, cuando fui por Aaron, su maestra me preguntó sobre mi reunión con las madres para hacer el proyecto. Quería saber el resultado. Le dije que me divertí y que fue bueno conocer a las otras mamás. Agradecí que me hubiera preguntado porque su interés me demostró que le importaba. Tal vez ella sentía curiosidad por cómo había sido mi integración con las otras madres. El primer año de Aaron le ayudó mucho en su progreso. Podía ver que Aaron disfrutaba en el colegio, al igual que Amari.

Llegó el momento de asistir a la reunión trimestral que se celebraba con los maestros para que los padres pudieran conocer el progreso de sus hijos y ser informados de los futuros eventos escolares. Sentada, prestaba atención a lo que se comentaba cuando de repente me molesté y me sentí confundida. Todos hablaban español. Las palabras volaban en el aire y resonaban en el ambiente y no las podía captar.

Traduciendo todo lo que pude en mi cabeza, noté que algunos padres entendían las horas y fechas para el próximo evento. Por otra parte, otros padres estaban molestos porque esas fechas y horas no les venían bien por cuestiones laborales. La maestra no podía calmar los ánimos de más de veinte padres; por lo tanto, la reunión era como un salón lleno de corredores de bolsa, todos gritando y queriendo hablar a la vez. Me senté en silencio mientras anotaba las fechas y horas para el siguiente evento. Pensando, esperaba que la manera en la que se había desarrollado esta reunión no fuera una situación común. Carecía de orden y organización, y eso me hizo sentir nerviosa. Cuando la reunión terminó, estaba un poco confundida y me vi obligada a pedirle ayuda a otro padre. La hermosa y simpática Vanessa, madre de Adrián, y mi vecina, estuvo encantada de ayudarme. Ese era un aspecto de vivir en España que no me gustaba. Normalmente no me gustaba pedir ayuda, pues siempre me he considerado una mujer independiente. Vivir en un país donde el solo el 27,7 % de la gente habla mi idioma a veces planteaba desafíos y creó varios obstáculos. Sin embargo, nunca me niego a los retos, excepto si éstos me ponen en riesgo a mí o a mi familia.

Creo que todos cosechamos lo que sembramos, y yo escojo sembrar semillas de felicidad, respeto y amor. Sin embargo, a veces puede que no reciba lo que siembro. Muchos de mis amigos estadounidenses que viven en España tienen quejas similares a las mías. Por ejemplo, la idea de que todos los estadounidenses son ricos. Creo que muchos de ellos viven una forma de desigualdad económica. Éste es uno de los aspectos que menos me gusta de vivir en España. Muchas personas en este país, así como en otros, asumen que todos los estadounidenses viven desahogadamente y no tienen preocupaciones económicas, en especial los militares estadounidenses. Es un hecho que el gobierno de los Estados Unidos provee de fondos para los gastos de vivienda a sus militares. Desafortunadamente, varias empresas del sector inmobiliario y propietarios locales, en varios países, se han aprovechado de esto. A los estadounidenses se les cobra el doble, a veces el triple, en comparación con cuánto paga un ciudadano medio de ese país por la vivienda. Esto es injusto para todos los ciudadanos estadounidenses, sean militares o no. Desde una perspectiva personal mucha gente en Utrera asume que mi familia y yo somos militares estadounidenses porque Amos trabaja en la base aérea. Sin embargo, como se mencionó antes, mientras que todos (Amos, Zipporah y yo) con orgullo servimos a nuestro país en el pasado, ahora somos civiles estadounidenses. Por lo tanto, no recibimos fondos para comprar o alquilar una vivienda por parte del gobierno. Todos pagamos por nuestra vivienda y otras facturas de la misma manera que cualquier ciudadano, gracias a nuestro sueldo, el cual nos ganamos con nuestro arduo trabajo. Esto no sólo es injusto, sino que también nos obliga a ajustar nuestro presupuesto y limitar nuestros gastos. Me desagradaba la sensación de cómo nuestros amigos españoles se sorprendían cuando se enteraban de cuánto pagamos por el alquiler. Muchos de ellos incluso nos han advertido sobre cómo se les cobra de más a los estadounidenses por ciertas cosas. Sin embargo, estamos contentos y nos sentimos afortunados de poder llevar un estilo de vida cómodo sin ser ricos. Tenemos facturas que pagar y responsabilidades financieras como cualquier persona. No importa la cantidad que paguemos, sea mucha o poca; el hecho es que estamos haciendo una contribución honesta a la economía del país. En ocasiones he notado que se les cobra de más en bares, mercados, etc. La gente que actúa así, nos ve y cree que no somos conscientes de que se aprovechan de nosotros. Sin embargo, estoy aquí para decir que sí me doy cuenta pero en cambio elijo mantener una actitud pacífica. Mi familia y yo hemos pasado muchas dificultades y dolor para construir la vida que tenemos actualmente. Esto me hace gritar por dentro mientras pienso en la ignorancia de aquellos que asumen que todos los americanos tienen una vida perfecta. Sin embargo, lo que muchos deben saber y entender es que algunas familias militares estadounidenses son de bajos recursos y/o pobres. La mayoría de estadounidenses tiene que trabajar para poder vivir. Creo que el trato igualitario es importante y una muestra carácter. El euro tiene un valor algo mayor al de nuestro dólar estadounidense. No sólo se nos está cobrando un alquiler más alto, sino que también estamos pagando más debido a la diferencia en el cambio de moneda. Me pregunto si es legal cobrar en exceso considerando la nacionalidad de la persona. Tal vez el gobierno español no lo sepa. De cualquier manera, no es justo y este es uno de mis mayores disgustos en España. Al final, Dios dijo en Su Palabra que "la venganza es mía". Cuando uno comete injusticias, recibirá las mismas. Ésta es una de las razones principales por las que quiero comprar una casa y no alquilarla. Durante el primer año y medio que hemos estado viviendo en España, mi marido y yo sabíamos que éste era un lugar donde podíamos establecernos y criar a nuestros hijos, pues les daríamos la oportunidad de aprender un nuevo idioma al mismo tiempo que forjaban su carácter al superar las tribulaciones por ser niños negros. Quiero que mis hijos sean fuertes y bien educados, como mi marido. Sin embargo, el proceso para comprar una casa en España, al no ser originarios del país, también es injusto y excesivamente caro. Aunque entiendo el motivo, no lo comparto y no me gusta que sea de esta manera. Al menos, como siempre digo, nos hemos esforzado e intentamos encontrar y comprar una casa en España.

Antes de comenzar mi búsqueda, empecé a recopilar la información necesaria para entender el proceso de compra de propiedades en España. También consulté con mis amigos locales. Mi amiga María López fue muy servicial. Me llevó a ver a su amiga Susana, quien es dueña de una empresa inmobiliaria. Después de que María nos presentase, Susana se mostró encantada de hablarme del proceso de compra. Susana era muy profesional y amable. La acompañaba otro agente inmobiliario que la ayudaba. María le tradujo a Susana exactamente lo que estaba buscando: una gran casa de cinco dormitorios y tres baños que estuviera cerca del colegio de los niños y de nuestra piscina comunitaria. Susana anotó todos los detalles y prometió comunicarse conmigo esa tarde o noche. Y así lo hizo. Ella le pidió a María que me informara de que había encontrado tres casas que quería enseñarme más tarde esa misma noche. Con gusto acepté. Sin dudarlo, le pedí a Zipporah que cuidara de los niños hasta que Amos regresara del trabajo. Susana y su agente, de buena gana me mostraron la primera casa. Estaba muy cerca de donde vivíamos. De inmediato me enamoré de ella. Era la casa número siete. Mucha gente sabe que el siete es un número sagrado. Aquellos que me conocen personalmente saben que es mi número favorito. Siempre que estoy en contacto con este número estoy atenta a las señales. Por ejemplo, yo era la séptima hija; nací en julio, el séptimo mes del año; mi rey, Amos, y yo nos casamos en 2007. En consecuencia, esta casa inmediatamente llamó mi atención. La dueña era una mujer pequeña de mediana edad. Tenía una hija que hablaba inglés por encima de la media. Susana nos presentó y la propietaria nos mostró el lugar. ¡Sentí amor a primera vista con sólo la primera casa! Tiene un enclave perfecto. Compraría esta casa inmediatamente. Cumplía con todos mis requisitos y más. La entrada estaba separada de la sala de estar con las escaleras a la derecha. El hueco de la escalera era de un bonito mármol grisáceo y las escaleras no eran tan empinadas como las habituales. Parecían mucho más seguras para mis hijos pequeños. Había un aseo a la izquierda del vestíbulo, con una gran despensa y un garaje a la izquierda de la entrada. Esto podría resolver nuestros problemas de aparcamiento constantes, me dije a mí misma. Después de la entrada, había una gran sala de estar con un amplio espacio abierto. También había una gran mesa de comedor de madera, hermosa. En el extremo había un sofá, y una amplia puerta corrediza que conducía a un bonito y espacioso patio de dos secciones. Era el sitio perfecto para mi familia y para mí. La parte superior del patio tenía una zona de estar con una capacidad para seis personas o más. Por otra parte, la zona inferior era perfecta para que mis hijos jugaran. Empecé a imaginarme en esta casa. Mentalmente recoloqué de forma estratégica los muebles, cuadros y demás objetos para crear el hogar de los míos. Mientras miraba el patio, la hija de la dueña comenzó a compartir conmigo sus grandes recuerdos de las muchas fiestas que habían tenido lugar en ese mismo patio. Esto me dio más confianza, ya que podía imaginar fácilmente mis propias reuniones allí. La cocina estaba en el lado izquierdo de la casa y se comunicaba con el patio. Era muy grande y tenía muchos muebles. Incluso había un rincón de desayuno bien diseñado, donde se colocó una mesa de comedor extra. Las ventanas eran lo suficientemente grandes como para usarlas como puertas corredizas. También conectaban con el patio trasero. Miré de nuevo el patio desde la ventana. Entrecerrando mis ojos, miré el sol, deslumbrada por su impresionante luz resplandeciente.

A continuación, la propietaria me condujo por las escaleras a la parte de arriba donde estaban las habitaciones. Había un distribuidor que conectaba con los cuatro dormitorios. Todas las habitaciones eran amplias, con luz natural y ventanas grandes que permitían la entrada del aire fresco. ¡El dormitorio principal fue lo que me convenció! Era enorme, con una hermosa chimenea y una biblioteca en miniatura. Era lo suficientemente grande como para tener un escritorio , así como una cama tamaño king. Incluso tenía una terraza adjunta que llevaba a una extensión exterior de la casa. Ésta era un gran cuarto de servicio donde se hallaban la lavadora y secadora. Encima de ese cuarto, en el segundo piso, había una pequeña suite. Era una ampliación de la casa que los propietarios hicieron por su cuenta. Imaginé un estudio de música y/o grabación para nuestra familia en lugar de la habitación de invitados para la que había sido construida originalmente. Era perfecta para nuestra familia y yo la quería. En secreto sentí como si no necesitáramos buscar más. Sin embargo, también conocía una de las mejores reglas para la compra de casas: siempre ver varias casas antes de comprar una. Continué el recorrido para ver las otras casas con Susana y su ayudante.

    La segunda casa también fue encantadora y cumplía con mis expectativas. Era enorme y la consideré como una pequeña mansión. Tenía tres pisos y el patio más grande que nunca haya visto. En el patio trasero pude ver un gallinero. La casa daba por la parte de atrás a otra calle. El único punto en contra de esta casa es que requería una renovación del 100%. Pero era tan grande y hermosa, que vi su enorme potencial. Cuando imaginé a mi familia en esta casa, pude ver varias generaciones en esta espectacular finca. Podríamos usarla como una casa, un restaurante, un club, un estudio, un lugar para exhibir arte, o todo lo anterior. El cielo era el límite con esta propiedad. Me gustó aún más mientras caminamos por sus pasillos. Las dos casas me habían gustado bastante, sin embargo, mi corazón se inclinaba más hacia la primera. Los agentes inmobiliarios habían cumplido su palabra de haberme buscado una casa de acuerdo con mis gustos. Estaba lista para ver la última casa para después regresar con Amos y hablar del tema.

    La tercera y última casa también era preciosa. No obstante, estaba mucho más lejos de mi casa actual de lo que hubiera preferido. Era una hermosa casa moderna con un espacio abierto en la parte frontal y un patio trasero. Tenía un sótano de tamaño razonable que me llamó la atención. Estaba impresionada con el trabajo de Susana. Una cita fue suficiente para que encontrara casas adecuadas. Estaba impactada. Después de verlas todas, tenía mucho que discutir con Amos. Me emocionaba al pensar contárselo a él y a Zipporah. Susana me llevó de vuelta a mi casa y le informé que primero hablaría con mi marido y luego me comunicaría con ella.

Mi familia y yo fuimos capaces de visualizarnos en la primera casa juntos, les había encantado. En conclusión, después de visitar múltiples bancos mientras me familiarizaba con el proceso de compra de propiedades en España, nuestros sueños llegaron a una pausa temporal. Me di cuenta de que era demasiado pronto para comprar y Utrera podría no ser nuestro hogar. Aprendí a ser más paciente cuando tenía que tomar una decisión tan importante. Así que mi marido y yo decidimos esperar y buscar una casa más grande para alquilar. Empezamos nuestra búsqueda. Dios, divinamente, lo solucionó: una familia estadounidense estaba mudándose a la casa que quedaba al lado. Fue entonces cuando fuimos a ver la casa que esta familia dejaba libre. Y aunque presentía que el propietario nos estaba pidiendo un alquiler más alto de lo normal por el hecho de ser estadounidenses, fue amable con nosotros y la casa era mucho mejor. Era más espaciosa, tenía una mejor ubicación, con arreglos adicionales y estaba más cerca de la piscina. Le pagamos al propietario treinta días de antelación en concepto de fianza y nos mudamos a nuestra nueva casa a mediados del verano. Esta casa era la respuesta a nuestras oraciones. Estaba en el mismo barrio en el que habíamos vivido hasta ahora. Tenía mejor aparcamiento, un espacio extra de oficina, un enorme ático, una sala de estar y una cocina más grande. El dormitorio principal tenía un hermoso baño separado y mejorado, y todas las ventanas habían sido renovadas (lo cual es muy poco común aquí en España). ¡Todos nos sentimos muy afortunados y mucho más felices en nuestro nuevo hogar! Después de instalarme en la nueva casa, empecé a conocer a mis vecinos. Todos eran mayores que yo, pero amables y acogedores. No dudaron en hablar conmigo e informarme de las muchas festividades de la ciudad.

La gente aquí parece estar feliz y contenta con su rutina diaria. Durante las vacaciones fue cuando pude visualizar a mis hijos viviendo en esta ciudad por un período más largo de tiempo. No obstante, las fiestas son los momentos más felices del año. He observado que la mayoría de los pueblos pequeños, como Utrera, se enorgullecen con la temporada navideña. La ciudad se vuelve un espectáculo de luces. Esto es una de las cosas por las que me gusta vivir en España. Ya sea que visitemos una ciudad más grande o una más pequeña, el espíritu de las vacaciones es siempre alegre y animado. Mis nuevos vecinos, así como todos nuestros amigos, nos habían contado acerca de un desfile en particular, que ocurre durante la tradicional celebración de "Los Tres Reyes Magos". Andalucía parecía tener muchos desfiles, procesiones y celebraciones distintas a lo largo del año. Ésta era la *Cabalgata de los Reyes Magos*. Parecía ser el favorito de todos. Las calles se llenarían de gente, desde adultos y adolescentes, hasta bebés, todos listos para presenciar el evento. Tractores que tiraban de plataformas, a las que llamaban carrozas, con diferentes temáticas y personajes marcharían por las pequeñas calles, lanzando caramelos y grandes regalos. Mis amigos me informaron que muchas familias, compañías y grupos se preparaban, física y mentalmente para este desfile un año antes. Miles de euros saldrían de los bolsillos de aquellos que con una posición económica desahogada estaban felices con honrar la tradición y cultura. He observado que los españoles se sienten muy orgullosos de sus costumbres; por lo tanto, sea lo que sea que hagan, siempre se hace con respeto y dignidad. El día del desfile, mi familia, mis amigos y yo caminamos hasta la plaza alrededor de las seis. Mis hijos estaban emocionados, sobre todo Amari y D'iona. Asistiríamos al desfile nocturno, por lo tanto, me aseguré de llevar el cochecito doble para Aaron y Abi. Decidimos caminar más allá de la plaza en busca del desfile en lugar de esperar a que llegara a nosotros. Pasamos la mayor parte de la noche con Mari Carmen, Edu y toda su familia. El desfile empezó con grandes figuras de insectos, elaboradas a la perfección con cartón piedra. Esto asustó a algunos pequeños y emocionó a otros. Al principio mis hijos estaban un poco asustados. Luego desfilaron animales grandes, desde el león hasta el ciervo. Cada animal estaba lleno de aire, y el viento los movía de manera realista. Algunos parecían verdaderos y otros falsos, pero el trabajo de artesanía realizado en cada uno de ellos era admirable. Luego empezamos a ver carrozas llenas de niños vestidos como ángeles, personajes de dibujos animados y miembros del equipo de fútbol. Cada carroza tenía una temática distinta. Los niños se rieron, gritaron y saltaron cogiendo regalos y caramelos. Amari y D'iona corrieron por las calles hasta las ocho o las nueve de la noche, siguiendo el desfile, recogiendo golosinas y regalos. Lo curioso fue que, para mi sorpresa, los padres, adolescentes y adultos jóvenes hacían lo mismo. Cuando llegó la una de la mañana, los niños estaban muy cansados, así que todos dimos por terminada la noche. Había estado en varios desfiles en América, pero nunca había presenciado un desfile tan hermoso. Cada aspecto de éste fue sobrecogedor, maravilloso y muy profesional; lleno de luces, colores, decoración y música. Los tipos de regalos que se lanzaron eran valiosos, desde material escolar, bolsas de libros y dulces, hasta camisetas, juguetes y joyas de bisutería. Conforme la noche llegó a su fin, me sentí un poco triste pero agradecida de tener la oportunidad de ver y disfrutar de un evento tan placentero con mis hijos. Esto fue definitivamente un espectáculo, y mi familia y yo esperamos con ansias el desfile del siguiente año.

Aunque me gusta pasar tiempo con mis amigos españoles y disfrutar de su cultura con ellos, también es necesario que pase tiempo con mis amigos estadounidenses. Echaba de menos los días en los que los veía y nos reíamos de todo. Antes de que pudiera preguntar, Jennifer leyó mi mente y me invitó a un día de chicas en un spa. Estaba encantada y emocionada porque había pasado bastante tiempo desde la última vez que recibí ese tipo de invitación. Jennifer concertó una cita para ambas a las once de la mañana . Solicitó un facial para mí y un masaje corporal para ella. Se lo agradecí mucho porque necesitaba ese facial.

La esteticista se llamaba Ana. Parecía ser muy tímida. Hablaba muy poco inglés, pero puedo asegurar que entendía mucho más de lo que hablaba. Cuando hablaba, lo hacía despacio para que yo pudiera entender, lo cual era muy considerado por su parte. La encontré extremadamente intrigante porque para mí, Ana poseía dones espirituales que no conocía. También sentí su espíritu afín de discernimiento. Tener una profesión que implica tocar la piel puede ser algo muy íntimo, en mi opinión. Por esta razón, sentí una fuerte sensación de que Ana era capaz de captar toda la energía de sus clientes mientras les daba masajes, porque este acto de calmar el cuerpo tranquiliza a la mayoría de la gente. Cuando las personas están relajadas, se vuelven más abiertas. Le pregunté a Ana si podía hacerlo. Miró mi teléfono mientras traduje la pregunta. Luego respondió con un sí. No estaba segura si Ana entendía exactamente lo que estaba pidiendo, pero confiaba en que ella comprendía lo suficiente. Agradecí mucho su profesionalidad y amabilidad. Después de que nuestros servicios terminaron, pagamos en la recepción y nos despedimos de las mujeres. Me sorprendió el precio de un facial y entendí que esto era lo normal. Una de las cosas que más me gustan de este país es el costo de los faciales, reparaciones para el hogar, y servicios para los automóviles. Muchos servicios como éstos son caros en los Estados Unidos, lo que dificulta el establecimiento de prioridades. Esto no sucede en España, y lo aplaudo.

Durante el tiempo que he vivido en España he conocido gente de todo el mundo. De África a París y América del Sur. Cada persona que conocí tenía una historia diferente que contar sobre su experiencia en este país: cómo llegaron y por qué están aquí. Por ejemplo, hay clases gratuitas de idiomas que se llevan a cabo en la ciudad. Zipporah quería mejorar su español, así que comenzó un curso de español en una academia cercana. No tuve tiempo ni interés en asistir a esta clase hasta que ella me invitó a su clase de cambio de divisas. Estaba reacia a ir porque soy más autodidacta; Prefiero aprender el idioma socializando y hablando con otros. Sin embargo, me alegré de haber asistido al evento con mi hermana porque conocimos a gente nueva y la experiencia fue agradable. Intercambié números con una hermosa mujer mayor, y ella me dijo que es enfermera. Acarició mi cara como si fuera su hija. También conocí a una mujer hermosa, alta y fuerte proveniente del Congo. Estaba orgullosa y hablaba francés y también un poco de inglés. Ella nos ayudó a Zipporah y a mí con nuestra lengua francesa durante todo el evento. Expresó abiertamente que estaba interesada en aprender más inglés. Siempre es grato presenciar y experimentar el intercambio de tantas personas, idiomas y culturas diferentes en un mismo lugar. El evento fue organizado en la escuela con todas las clases combinadas, español, francés e inglés. Conocimos a otras mujeres de Marruecos, Portugal y París. Cada participante estaba ansioso por disfrutar de la velada. El profesor dividió a todos en grupos, y se aseguró de que cada uno estuviera mezclado con diferentes idiomas. Esto le dio a cada estudiante la oportunidad de practicar las pequeñas frases que nos dio el profesor, en diferentes idiomas. Aunque me oponía a asistir a las clases nocturnas, pronto me di cuenta de que era un privilegio. Me alegré de que Zipporah me invitara, y aprendí mucho aquella noche.

Presumí del evento ante mi amiga Anastasia a la mañana siguiente, y ella me informó que muchos pueblos tienen escuelas que ofrecen servicios gratuitos como éstos. No sólo me impresionó escuchar esto, sino que también me entusiasmó saber que estos servicios eran gratuitos. Recuerdo la profunda conversación que empecé a tener con mi linda amiga Anastasia, de origen africano pero que había sido adoptada por una familia española. Creció en Utrera, y sus experiencias aquí eran en su mayoría agradables. Ella fue educada por una familia amorosa. Las dos compartimos lo que nos gustaba y lo que no. Expresó su preferencia por la palabra "Negro/Negrita". Me quedé atónita cuando oí que estas palabras salían de su boca. Sin embargo, también entendí su punto de vista. Este tema en particular no siempre es fácil de hablar con otros que no comparten el mismo sentimiento. Por lo tanto, a menudo no discuto este tema con otros. Sin embargo, tengo sentimientos encontrados sobre la palabra «negro». El cincuenta por ciento de mí ha sido condicionado para aceptar esta palabra e identidad desde que era una niña. Por lo tanto, parte de mí lo abraza y no siempre me ofende. Incluso a veces me refiero a mí misma, o a mi pueblo, como "negro", y lo digo con mucho orgullo. Sin embargo, el hecho es que no soy de color negro; por lo tanto, que me digan "Negrita" o "Negra" sería una falsa apreciación y descripción de cómo soy. Es verdad, soy una mujer con mucha melanina. Pienso que las etiquetas tienen un gran poder. Así como pueden producir una identidad social positiva, también lo pueden hacer de manera negativa. Algunos pueden sentir cierta hostilidad hacia una comunidad o grupo. En este caso, la palabra "negro", utilizada para describir a un grupo de personas, seguramente ha generado hostilidad en los corazones de los afroamericanos modernos, mientras que otros tienen el honor de ser negros. Muchos incluso prefieren ser llamados negros americanos y no afroamericanos. En mi caso, el ser llamado negro por los europeos era una manera de menospreciar a los africanos traídos a América para convertirse en esclavos. Durante aquellos tiempos, los europeos no consideraban al africano como humano; nos consideraban objetos. Vava Tampa, un autor y activista del Congo escribió en un artículo que "Los africanos tenían que ser deshumanizados en la sociedad europea para facilitar la esclavitud, colonización y explotación de su tierra; de ahí viene la etiqueta 'negro'. Al referirse a ellos como africanos (o con sus nombres Yoruba, Benga, Shanti, Igbo, Mandinka o Kongo) reconoce su humanidad, historia, cultura y patrimonio". Estoy de acuerdo con este pasaje y a veces me entristezco por los malos hábitos transmitidos de una generación a otra, y que se han convertido en la norma. Sin embargo, Anastasia y yo coincidimos en que elegimos abrazar la palabra "negro" y emplearla con orgullo. Terminamos nuestra conversación entre risas y alegría. Porque ambas admitimos que no importa cómo nos llamen otras personas, nosotros somos personas reales. El racismo y la discriminación siempre han sido una constante para mi pueblo que vive en Estados Unidos. Muchos negros americanos incluso temen por sus vidas a diario. Desde los malos tratos en la sociedad, hasta la habitual brutalidad policial, por lo que no ha sido nada sencillo crecer como un niño de color. Sin embargo, trasladarme a España ha ampliado mis horizontes. Aunque los españoles son europeos y comparten una historia similar con el europeo americano, no son iguales. El trato hacia las personas de color es diferente en ambos países, pero la realidad es que todas las personas son iguales. Un ejemplo de esta diferencia es cuando hicieron parar a Amos en un control policial en Utrera. Esa noche en particular fue durante la época de "La

Primera Comunión". Debido a este evento, muchas personas celebran, beben, bailan y honran su tradición. Esa noche, Amos estaba ansioso por regresar a casa porque nuestra familia había planeado un viaje de fin de semana a la playa de Cádiz. Amos notó que había tráfico y que seguramente habría agentes de policía. Luego se dio cuenta de que era un punto de control rutinario. Mientras reducía la velocidad para detenerse en el puesto de control, Amos observó a unos cinco agentes de policía, los cuales estaban completamente armados. Dos de los oficiales llevaban rifles de gran tamaño. Todos tenían semblantes serios. Uno de los policías se acercó a nuestro coche y le pidió su identificación a Amos. El otro oficial permaneció en el fondo, mientras que otro oficial con un rifle permanecía dentro nuestro campo visual. Era intimidante, y parecía estar preparado para actuar si fuera necesario. El otro oficial le hizo algunas preguntas a mi marido. Una vez que el oficial se sintió satisfecho con las respuestas, le dijo cortésmente a Amos que tuviera un buen día y Amos se marchó. Este encuentro evidenció la diferencia entre ser parado por la policía en España y en Estados Unidos. Amos imaginó que probablemente sería como en nuestro país. Desafortunadamente, existen demasiados prejuicios contra las personas negras en todo el mundo. Como resultado, muchas personas de color — hombres, mujeres y niños— han perdido injustamente la vida debido a estos prejuicios, discriminaciones y odio. Sin embargo, no digo que todos los policías estadounidenses sean malos. De hecho, el hermano mayor de Amos es oficial de policía del Departamento de Policía de Dallas en Texas. No obstante, muchos son los que abusan de sus privilegios como agentes y protectores de la ley. Ésta es la triste realidad que ha causado que muchas madres y padres negros instruyan a sus hijos sobre cómo relacionarse con un policía. Tener esta conversación con un menor puede ser difícil. Algunas familias de Estados Unidos se sienten obligadas a abandonar el país para encontrar un entorno más seguro. Creo que esta experiencia con los policías españoles hizo que valoráramos más nuestra vida en España.

La mayoría de mis experiencias en España han sido positivas, pero no todas. A veces me siento abrumada al saber que algunas cosas escapan a mi control. Disfruto de mi vida al ver que mis hijos crecen y hablan un idioma distinto. Estoy más que agradecida por tener buenos amigos y una rutina diaria que me emociona. Aun así, no quiero convivir con algunas personas. Por ejemplo, una noche los niños fueron invitados a una fiesta de cumpleaños. Ese día quería estar sola y que nadie me molestara. Sin embargo, como madre de cuatro hijos, estoy obligada a poner sus necesidades antes que las mías. Esta fiesta de cumpleaños fue organizada en Illusionland. Sólo Aaron y Amari iban a asistir, mientras que D'iona y Abi se vendrían conmigo a reunirse con las madres. Debido a que nuestra familia sólo tenía un coche, tuve que pedir un favor. Mientras esperábamos con Stella, empecé a sentirme ansiosa y molesta, pero agradecí que Stella buscara a una amiga para que nos llevara a la fiesta. De repente, un coche desconocido se detuvo y entonces supe que la mujer que lo conducía era amiga de Stella. La mujer parecía nerviosa y no hablaba mucho. Después de haber estado un rato de mal humor, me relajé. Dejamos a los chicos y nos dirigimos a Burger King para encontrarnos con las otras madres. Cuando llegamos, vi muchas caras nuevas que no conocía. Quería salir de allí. Deseaba que la noche terminara lo antes posible. Me senté junto a Conso A. y Mari Carmen. Este grupo de mujeres estaba formado principalmente por amigas de Mari Carmen y Conso A. Eran mujeres que no conocía hasta ese día. Las impresiones que recibí de ellas eran de intriga, curiosidad... de malestar. Esto no me ofendió porque mi familia y yo estamos acostumbrados a las reacciones de la gente que nos ve por primera vez. Aunque no estaba de ánimo para socializar, lo hice. Pedí y comí tranquilamente en la mesa con Stella, Conso A. y Mari Carmen, hablando muy poco. Disfruté viendo a D'iona jugando con la hija mayor de Tere, María. Incluso jugaron con Abi y la miraban mientras yo comía con las mujeres. Me di cuenta de que ese día era todo un reto, y que necesitaba tener energía. Siempre agradeceré la transformación que viví al mudarme a España. Sin embargo, había días en los que me sentía desconectada y fuera de lugar. Hay momentos en los que echo de menos los Estados Unidos y los momentos que me muestran por qué ya no estoy allí. Con cada encuentro que he tenido en Utrera, he crecido, aprendido, y mejorado como persona, madre, esposa y amiga. Nunca doy por sentada la ayuda que recibo de mis amigos y de mi familia. Me encanta ser madre y ver a mis hijos disfrutar sus nuevas vidas en un país diferente. Me divierto con las muchas actividades escolares y eventos que se celebran cada año.

El tiempo pasaba rápido y el final del año escolar estaba a la vuelta de la esquina. Como madre de la clase de Aaron, estaba preparándome para una gran obra que se interpretaría al final de curso. A algunos padres de cada clase se les pidió que eligieran un personaje y que ensayaran juntos. Verás, al final de cada año escolar, los padres se ofrecen como voluntarios para realizar distintas obras de teatro para nuestros hijos más pequeños. Cada obra se representa durante el horario escolar en el teatro de la escuela. A los niños les encantan estas obras porque ven a sus padres convertirse en niños en el escenario. Este año la clase de Aaron eligió realizar una obra de teatro sobre las emociones. Cada padre eligió una emoción particular. A fin de asegurar que todos conocieran sus funciones, se realizaron ensayos obligatorios. Recuerdo en concreto un ensayo en casa de María José. Hizo todo lo posible para que todos asistiéramos. Admiraba su motivación y pasión. Muchos de los padres vinieron, pero no todos. María José y su marido, Alexander, vivían en Los Morales, un pueblo que está a 7 minutos en coche de Utrera. Mi vecina, Vanessa tuvo la cortesía de llevarme. Todos nos reunimos en su enorme garaje, que habían acomodado para ensayar. En el centro del garaje había una mesa de reuniones. En el lado derecho había una pequeña cocina y un baño en el fondo. Me encantaba la organización y la hospitalidad. Todos los padres hablaban entre ellos mientras esperábamos a que llegaran los demás. Muchos de los padres tomaban café mientras María José y Ángeles preparaban chocolate. En ese momento, Alexander entró con una gran bolsa de churros. Todo el mundo lo miró con entusiasmo, pues es uno de los postres más populares en España. Todos comimos churros con chocolate mientras esperábamos a que llegaran dos padres más.

"¡Disfruta! ¡Come! ¡Come!". Anita me decía mientras me metía un churro en la boca.

Me sorprendió, pero me divertía porque noté que la alimentación forzada y/o la bebida era una acción común aquí. Cuando el churro entró en mi boca, sentí una explosión de bienaventuranza. El chocolate caliente era dulce y cremoso; mientras que el churro era suave por dentro, era crujiente por fuera. Realmente disfruté de este aperitivo y entendí por qué eran tan famosos en España.

Finalmente, comenzamos nuestro ensayo. Repasamos toda la obra y bailamos un par de veces antes de hacer un descanso. Muchos de los padres habían tomado café antes, porque pasar el domingo ensayando era un sacrificio. Otros padres estaban cansados y querían irse. De repente vi a María José salir corriendo del garaje con las llaves y el bolso en la mano.

"¡María José! ¿A dónde vas?", preguntó una de las madres.

"¡Voy a comprar refrescos!". Respondió María con frustración.

Supuse que su preocupación se debía a que quería ser una buena anfitriona. Ella estaba limitada en suministros ya que muchas tiendas no abren los domingos. Como mujer española, su orgullo estaba ligeramente magullado, y quería repararlo. María José regresó cinco minutos después con unas cinco botellas de cerveza Cruzcampo de un litro y tres grandes bolsas de patatas fritas. Rápidamente sacó sus lindas copas y en un abrir y cerrar de ojos, cada persona tenía un vaso de cerveza en sus manos. Pasados unos diez minutos, todo el mundo parecía estar con un estado de ánimo más relajado y feliz. Todos pudimos ensayar un par de veces más. Este incidente me hizo gracia porque observé cómo la cerveza era de suma importancia para los padres. Todos teníamos un vaso y era como la poción mágica que nos unió. Esto hizo que me diera cuenta de por qué la cerveza es tan popular en la sociedad española. No se trataba del alcohol en sí. Se trataba de la socialización y el compañerismo. Uno de los padres me dijo que Cruzcampo es una de las marcas de cerveza más popular de Andalucía, España. Sin embargo, mi favorita es Estrella Galicia.

Conforme la tarde llegó a su fin, todos los presentes ayudamos a limpiar. A medida que la mayoría de los padres se fueron, algunos de nosotros nos quedamos para pasar un rato más. Alexander, Loli y yo hablamos sobre el aceite de oliva español. Me explicaron cómo las aceitunas son muy representativas de España. Admitieron que mucha gente cree que los mejores aceites de oliva provienen de Italia. Pero, según Alexander, España es uno de los mayores productores de aceite de oliva del mundo. Esto tiene mucho sentido, pues en Andalucía hay muchos olivares, los campos de cultivo de olivo. Siempre me gusta conversar con los españoles porque son personas dispuestas a compartir su cultura e historia conmigo.

Cuando volví a casa, estaba feliz de contarle mi día a Amos. La tarde se puso hermosa cuando el sol comenzó a ocultarse. Llegó la noche y también lo hicieron los jóvenes adolescentes. Me gustaba ver como disfrutaban de su libertad, de sus amistades y conexiones entre sí. Sin embargo, no me gustaba su falta de respeto por su entorno. Era testigo de cómo las mujeres mayores limpiaban semanalmente, o a veces a diario, sus patios y parte de las aceras, manteniendo limpio nuestro vecindario y sus hogares. Por lo tanto, me molestaba ver cómo ellos arruinaban esa pulcritud. Sentada afuera pude escuchar a muchos niños y adolescentes gritando con fuerza. Muchos tenían aperitivos, bebidas y otras cosas desechables. Todas las mañanas, cuando llevaba a mis hijos a la escuela, podía constatar la evidencia de sus reuniones. Me dolía pensar cuántos niños y adolescentes no tenían consideración, respeto, civismo... por la tierra y por los demás, arrojando basura al suelo. También odiaba el hecho de que muchos de ellos fueran ignorantes y maleducados en lo cultural. Escuchan hip-hop y piensan que está bien usar la palabra "N". La usan entre sí como si fuera una moda, sin saber que esta palabra conlleva odio y dolor, y *nunca* debe ser pronunciada por ellos. Aun así, hay muchos jóvenes, adolescentes y niños que son respetuosos y amables.

Una noche en particular escuché que nuestro timbre sonaba. No esperaba a nadie, no sabía quién era. Cuando abrí la puerta, me sorprendí al ver a un grupo de muchachos y niñas muy bien vestidos. Preguntaban por D'iona. Me alegró saber que D'iona estaba haciendo amigos, y que la invitaban a salir. Permití que D'iona saliera con este grupo porque sabía que todos eran buenos chicos, a diferencia de los adolescentes que salían de noche. Esa noche, D'iona regresó feliz, y nos contó cómo lo había pasado. Esto se convirtió en una rutina regular para Amari y D'iona. Me gustaba que hicieran cosas que yo no viví cuando fui niña, me privaron de muchas salidas; mi padre nos dio una educación muy estricta. Nuestra juventud consistía en ir a la iglesia, a la escuela y estar en el hogar. De todas formas tuve una vida bastante buena y me sentí agradecida de que mis hijos pudieran experimentar las mismas cosas.

A pesar de que mi juventud consistió en asistir a la iglesia, disfruté de muchas festividades, en especial el Domingo de

Pascua. Aquí en España, celebran su *Semana Santa* de manera diferente a los domingos de Pascua en Estados Unidos. Una de las diferencias radica en las procesiones. Esta semana se llevaron a cabo muchas procesiones. Durante una clase nocturna, mi hermana y yo decidimos asistir a la procesión con María y Danny. Quería vivir la experiencia. Muchos de mis amigos locales nos dijeron a Zipporah y a mí que lo más importante de la Semana Santa eran *los pasos, una procesión en la que* se exhibía una imagen de Cristo crucificado u otras escenas de la pasión. Como mujer cristiana y negra estadounidense, mi observación de esta peculiar tradición española puede ser ofensiva para algunos y comprensible para otros. No obstante, debo ser honesta sobre mi percepción personal. He observado que los españoles son extremadamente tradicionales y respetuosos con su religión, que es principalmente el catolicismo. Al ver la procesión, pensé en las diferencias con nuestra cultura. Cuando voy a una iglesia católica, me fijo en las imágenes de Cristo que cuelga de una cruz. Al crecer, mi padre y mi madre nos enseñaron que no debíamos tener una cruz con Cristo en ella. Nuestros padres consideraban que tener una cruz con Cristo en ella enfatizaba demasiado su crucifixión, y no su resurrección. Conforme crecí, lo entendí. Cuando era niña, la imagen de Cristo muerto en una cruz me perseguía.

Más tarde, Stella me explicó que en cada parte de España las celebraciones eran diferentes. Por ejemplo, en Andalucía se conmemoraba la crucifixión de Cristo. Por eso sus procesiones muestran imágenes de Cristo crucificado. Vi imágenes intensas y vívidas de Jesús en la cruz mientras su madre María lloraba a sus pies. La procesión, el paso, estaba bellamente compuesto, haciendo que la escena pareciera real. Tuve un ligero sentimiento de culpa por la admiración que sentí. Felicito y respeto la dedicación que cada participante mostró, ya que parecía que habían planeado las procesiones con seis o doce meses de antelación, desde los músicos hasta los niños pequeños. Todos se enorgullecían de su papel en la procesión, así como de sus, prendas de vestir. Los hombres se reunieron para llevar el paso de oro con la imagen de Jesús en la cruz, que pesaba varios cientos de kilos. Mientras investigaba la historia de las procesiones españolas, leí que los *costaleros*, formados de veinticuatro a cuarenta y ocho voluntarios, están ocultos debajo de la plataforma del *paso*, lo que hace parecer que se mueve por sí mismo. Aprendí que antiguamente, los trabajadores portuarios eran contratados para llevar los pasos. Sin embargo, después de 1973, la tarea pasó a los miembros de las cofradías que organizan cada procesión. Sólo los miembros de esta cofradía o hermandad estaban autorizados para llevar la plataforma, o paso. Cada miembro o nazareno llevaba capas púrpuras con capuchas, llamadas capirotes, a juego hechas de seda fina. Esto me preocupó cuando lo vi por primera vez, porque su atuendo es muy parecido al del Ku Klux Klan, un grupo extremadamente racista que persigue a los negros que viven en Estados Unidos. Podía distinguir pies de diferentes tamaños bajo el paso con la imagen, la cual presionaba con su peso a los que la cargaban. Todos los espectadores, incluyendo los niños, aplaudían a los costaleros. Era como si estuviéramos en un funeral. Gente vestida muy bien, que seguía la procesión por las calles de la ciudad, algunos llorando cabizbajos. La música era lúgubre; los tambores golpeaban lentamente al ritmo de la procesión. En cambio, en nuestra cultura afroamericana, nos enfocamos en la resurrección de Cristo. Conmemoramos cómo Cristo venció a la muerte al elevarse de nuevo a la vida en el tercer día. En nuestro Domingo de Pascua, nos reunimos en la iglesia vestidos con nuestra mejor ropa, que son prendas florales y coloridas, normalmente de color púrpura o violeta, para simbolizar la penitencia, la humildad y el dolor de Jesucristo. El sermón de aquel día derivó de este conocimiento: que Cristo murió y resucitó al tercer día. Nuestras reuniones están siempre llenas de energía, todos cantamos y bailamos en honor al sacrificio que hizo Cristo. En España, la procesión resaltaba la imagen vívida de Cristo colgado de la cruz en agonía. Todo parecía centrarse en la muerte de Cristo. No obstante, el homenaje y la dedicación son admirables. Como música, disfruté de la música en vivo de cada procesión, abrumadora pero hermosa. El sonido de las trompetas resonaba en toda la ciudad de Utrera, daba escalofríos. Cuando regresamos a casa, no dejaba de pensar en varias cosas. Al igual que yo, Zipporah disfrutó de la noche con María y Danny, pero no le gustó la imagen realista de Cristo colgando de la cruz. Hizo que recordáramos la muerte de nuestra propia madre, lo cual hizo que nos sintiéramos afligidas. Esto me ayudó a darme cuenta por qué es más importante celebrar su ascenso en lugar de conmemorar su muerte. Sin embargo, ésta es una tradición importante en España.

La feria anual de España también es una tradición importante, que es, sin duda, una de mis festividades favoritas. Mi familia y yo disfrutamos de los grandes gestos y la emoción de esta celebración. Cada ciudad y/o pueblo tiene su propia feria que se realiza en diferentes momentos a lo largo del año. La Feria de Utrera se celebra anualmente durante la primera semana de septiembre. Creo que eligen la mejor temporada del año para tener una feria que se realiza principalmente al aire libre. En esa época del año, el sol sigue brillando con intensidad en unos luminosos días despejados, pero el ambiente ya es algo menos caluroso gracias a una suave brisa refrescante. También me gusta que se celebre una o dos semanas antes de que comience el curso escolar. Lo que he aprendido sobre la celebración de las ferias en España es que hay dos facetas importantes. La primera es la tradición y la segunda es la religiosa. Cada vez que quería reunir datos documentados sobre Utrera, o incluso España, le preguntaba a Don Carlos del colegio de mis hijos. Don Carlos está encantado de explicarme los acontecimientos de su ciudad y país. Quería conocer más sobre su significado. ¿Cómo ocurrió este increíble evento y cuándo empezó? Me puse en contacto con la persona adecuada porque Don Carlos me lo dejó claro, lo que nos ayudó a mí y a mi familia a disfrutar aún más de esta celebración. Me informó que en español, como en inglés, la palabra feria tiene varias acepciones. *Una feria* es una exposición o feria. Por ejemplo, una feria del libro o una feria de arte. Éstas se organizan específicamente para exhibir o vender cosas. Además, una feria también puede ser un festival o un parque de diversiones. Disfruté cómo comenzó con el origen de la palabra feria, porque cuando escuché por primera vez sobre la feria de Utrera, mi mente instantáneamente pensó en la feria a la que iba cuando era pequeña. Esta feria consistía en paseos, comida, muchas atracciones en vivo. Sin embargo, con la información de Don Carlos, me doy cuenta de que la feria a la que asistí cuando niña se considera "una feria". Me llamó la atención que en un principio la Feria de Utrera era para el comercio. Con el paso de los años, la feria se convirtió en un gran festival. Me contó la historia de la feria como si fuera su propia historia. Esto me dio el aspecto religioso de la feria. Carlos me explicó que "a mediados del siglo XVI, en el lugar donde hoy se encuentra El Santuario de Consolación, había una pequeña ermita o capilla con la imagen de La Virgen de Consolación. Esta imagen tenía la reputación de ser muy milagrosa".

Personalmente sabía que esto era verdad porque me he acostumbrado a ver estas imágenes colgadas en las paredes de los hogares. Por ejemplo, un hermoso azulejo adorna el patio de la casa de Zipporah. Continuó explicando con precisión los detalles.

"La ubicación estratégica de Utrera, que se encuentra entre Cádiz, Sevilla y Málaga, hizo de Utrera un lugar común para parar mientras se viajaba. El gran bullicio y la actividad en el área, estaba relacionada con los viajes y el comercio con América, el Nuevo Mundo. Estas empresas hicieron que Utrera se convirtiera en un centro religioso muy importante a nivel nacional. Utrera también se convirtió en un importante punto de peregrinaje. Esta considerable concentración de personas suele ocurrir cada año, el 8 de septiembre, día de la fiesta de La Virgen de Consolación. Muchos puestos, comerciantes, aventureros, ganaderos y más se establecían y descansaban alrededor de esta capilla de Utrera, para dar las gracias por sus ganancias. La fama de la feria y la peregrinación de Utrera fue tanta que, por razones políticas, un rey, Carlos III, la prohibió. Sin embargo, la devoción a La Virgen de Consolación ha perdurado hasta nuestros días. En la actualidad, la feria es un festival popular muy importante que se realiza cada año el 8 de septiembre o en torno a esa fecha".

Después de escuchar la detallada explicación de D. Carlos, pude sentir su entusiasmo en mi corazón a través de cada una de sus palabras. La piel de mis brazos se erizó, e instantáneamente me imaginé en la feria del siglo XVI. Me imaginé el atuendo de entonces, comparado con el atuendo inmaculado actual: vestidos de lunares, sombreros florales, preciosos abanicos y mucho más.

¿Cómo se vestían en aquel tiempo? Me pregunté mientras me vestía para mi segunda feria. El primer año fue de prueba para mi familia y para mí, no sólo para la feria, sino para todos los eventos del año. Por lo que no estábamos seguros de cómo vestirnos o qué esperar. Sin embargo, ya podía visualizar a toda mi familia con el atuendo tradicional, mientras caminaba por la feria la primera noche con Mariali. Tomé conscientemente la decisión de que mi familia y yo honráramos la tradición con nuestro atuendo tradicional en el evento del año siguiente. Luciríamos increíbles. Mientras tanto, este año Mariali y yo decidimos ir juntos por primera vez con nuestros hijos. Fue asombroso ver los millones de luces parpadear durante la noche mientras nuestros niños corrían y jugaban bajo las estrellas. Corrieron, comieron un montón de golosinas y jugaron tanto como pudieron. No podía creer lo que veían mis ojos cuando vi el resultado final del montaje de la feria. Cada rincón del recinto ferial estaba cubierto de adornos, carpas con luces que se elevaban hasta el cielo casetas con rejas en la fachada. Las atracciones eran ruidosas, alegres y llenas de color. El cielo se iluminaba con los colores de los fuegos artificiales. Estaba convencida de que la gente se enorgullecía de este evento, pues los hombres vestían su mejor traje, mientras que las mujeres parecían muñecas flamencas perfectamente adornadas y acicaladas. Sentía pena por mi vestuario tan sencillo, pero no era la única. Había gente de toda Andalucía y otros lugares de España. También había muchos extranjeros. La mayoría conocía la tradición, otros no. Sin embargo, todo el mundo estaba pasando un momento agradable. Mariali y yo disfrutamos de la alegría de nuestros hijos.

    La segunda noche de la feria fue sólo para los adultos. Amos y yo fuimos andando para reunirnos con Zipporah y un grupo de amigos nuestros. Mientras mi marido y yo nos aproximábamos a la feria, me sentí abrumada por la emoción. La belleza de la cultura de este país llenó mi corazón. ¡Había tanta gente en la feria el sábado por la noche! Familias vestidas con trajes tradicionales de flamenca, abrazando con orgullo quiénes son y lo que la feria significaba para la historia de su ciudad. Fue absolutamente espléndida porque fue una experiencia que no quería pasar por alto. La luna estaba en su fase de cuarto menguante, así que alumbraba menos. Sin embargo, no fue necesario durante estas últimas noches, ya que el comité organizador se había encargado de ese trabajo. El viento era suave y fresco y la gente estaba muy animada. La feria para los españoles parecía ser un lugar donde el tiempo se detenía durante estos gloriosos cinco días, a la vez que todas las preocupaciones disminuían (aunque sólo fuera por ese corto periodo). Disfrutaban del momento con sus amigos y familiares, comiendo, cantando, bailando, bebiendo y en general preservando su cultura, algo que sólo se puede describir una vez que lo vives; luces, música, caballos, atuendo flamenco, risas, cante, etc. Estos sonidos reinaban en las calles de Utrera mientras mi familia y yo nos uníamos a la fiesta. Después de caminar y explorar toda la noche, nos encontramos con Tina y sus amigos más cercanos. Nos invitaron a una *caseta* para ver actuar a Alfonso. Una caseta es algo parecido a una carpa o una gran tienda de campaña en la feria donde se sirve comida, bebida o hay entretenimiento. Algunas permiten el acceso a todo el público y son gratuitas, mientras que otras son privadas. A las casetas privadas se entra sólo con invitación, y nosotros tuvimos el honor de poder acceder a una. Esta caseta en particular estaba adornada con un tema más antiguo. La decoración era lujosa y ostentosa. La gente era acogedora y amable. La actuación de Alfonso fue increíble mientras él y su grupo cantaban con todo el corazón. El teclista tocaba como si fuera latino. El guitarrista destacaba en sus habilidades flamencas tradicionales. El percusionista tenía un ritmo que sólo se puede aprender a través de la cultura del lugar. ¡Alfonso es un magnifico intérprete! Él cantaba para disfrutar, pero sabe exactamente cómo mantener a la multitud atenta y animada. Mostró unas grandes dotes musicales ya que sabía cómo hacer la transición de los ritmos. Cantó maravillosamente a pesar de que no entendí todas las palabras; me conmovió con su pasión y destreza. La forma en la que los españoles cantan es única, diferente a cualquier otra parte en el mundo. Es casi como una mezcla de canto árabe, blues y góspel. Al final de su actuación, Alfonso estaba extremadamente agotado, pero continuó cantando para complacer al público. "¡OTRA! ¡OTRA!", gritaba la multitud al unísono. Pude ver que estaba exhausto, pero sabía que él y su grupo tenían un poco más para dar. Todos aplaudieron y gritaban de alegría mientras empezaban otra canción. Pude notar que los músicos también se divertían. Todos cantaron juntos como un coro, como si la canción interpretada fuera la favorita de todos en la caseta. Alfonso mantuvo al público entretenido con su seductora voz mientras todos bailaban y cantaban. Mi familia y yo no podíamos creer lo bien que lo habíamos pasado las dos noches. Todos recordamos la feria durante meses, ansiosos por asistir el siguiente año. A continuación, enumero mis diez cosas favoritas de España:

1. La cultura de Andalucía: Sus tradiciones. El respeto por sus tradiciones.
2. La importancia de la FAMILIA.
3. La cultura flamenca: Es similar al ritmo de la música religiosa africana y negra. Desde los movimientos que hacen con las manos hasta la manera en que zapatean.
4. Las playas de Cádiz: Hay muchas playas en toda la costa de la provincia de Cádiz, pero cada una es única y diferente.
5. Arquitectura: Histórica y hermosa. Además, ver la influencia morisca en algunas de las construcciones.
6. Cerveza "Estrella Galicia": Es una de las cervezas más populares de España. Es ligeramente dulce, ¡me encanta!

7. Bidé: Éstos son un tipo de baños más bajos, sin tapas, que se utilizan para limpiar las partes íntimas después de usar el sanitario. ¡Me encanta su conveniencia y utilidad y no puedo creer que haya vivido todos estos años sin ellos!

8. La comida, verduras y fruta fresca, y las tiendas particulares que se encuentran en todas partes. Es como una versión española de Publix en Estados Unidos. La tienda "Mercadona".

9. El ron "Negrita". Esta bebida se convirtió en nuestra favorita. El nombre y la imagen cambiaron mi perspectiva en lo que se refiere a una "joven mujer negra".

10. La Reina de España, Letizia, y su influencia para cambiar la antigua imagen española de las mujeres y sus derechos . Así como sus dos hermosas hijas, que a mis ojos son una representación de mi propia hija pequeña, Abi.

Capítulo 5:

Explorando España

Tengo que admitir que mis viajes por España han sido de los más alegres: desde Sevilla a Marbella, de Barcelona a Madrid y muchas otras ciudades. En los últimos dos años y medio, mi familia y yo hemos viajado bastante en comparación a como lo hacíamos en Estados Unidos. Recuerdo haber hablado con Amos antes de la mudanza, lo importante que era viajar como tribu y explorar la tierra que sería nuestro nuevo hogar. Cuando llegamos por primera vez a Utrera, España, había algo que quería que hiciéramos antes de instalarnos. Quería que desarrolláramos metas personales. Por lo tanto, una hermosa mañana, Amos, Zipporah, los niños y yo creamos una "hoja de sueños". En esta hoja escribimos nuestros objetivos aquí en España. Fue adorable ver a Aaron y Abi escribir sus metas con un lápiz de cera, no estoy segura del poder dentro de sus palabras. Después de que todos terminaron sus hojas, con las metas establecidas para el primer mes, los primeros seis meses, el primer año y el final de los primeros cinco años, las leímos en voz alta. Me inspiré en mi escritor favorito, Toni Morrison. Su trabajo explora la identidad de los negros en América. Leer sus libros a menudo me obligaba a entrar en su mente, visualizando cada palabra escrita, sintiendo todas las emociones. Ésta fue una idea que obtuve al seguir su consejo. Toni Morrison sugirió a sus lectores "usa el mundo que te rodea". Sé en mi corazón que escribir las palabras y luego pronunciarlas es una forma de desarrollar el fundamento de nuestra fe. Podía imaginar los viajes que haríamos durante todo el año, viendo monumentos, experimentando varios eventos, conociendo gente nueva y comiendo comidas exóticas. Quería asegurarme de no usar sólo el mundo que me rodea, sino que al hacerlo, quería compartir ese mundo exponiendo nuestras vidas aquí en España. Después de que todos leímos nuestras "hojas de sueños", noté que todos compartíamos algo en común. Todos queríamos viajar más.

Nuestras primeras vacaciones en España fueron en Marbella. Amos, Zipporah y yo decidimos emprender este viaje espectacular. Este viaje no sólo fue para nuestra familia más cercana, sino que una de mis mejores y más antigua amiga, Sophie, y su hijo de ocho años (nuestro ahijado), Elijah, vinieron desde Hungría y nos acompañaron. Amos y yo conocimos a Sophie durante nuestros primeros años en la Fuerza Aérea de los Estados Unidos, cuando éramos jóvenes militares. Nos reímos mientras recordábamos el pasado. También invitamos a nuestros amigos más cercanos aquí en España, a Tina y su familia. Aunque sólo Tina y su madre, Tía Patri, pudieron venir con nosotros en este primer viaje. A pesar de que era a principios de noviembre y el clima era un poco frío, sabíamos que queríamos estar cerca del mar, ya que era importante para nosotros porque necesitábamos sentirnos como en el sur de

Florida. Encontramos una casa grande para pasar dos o tres noches, directamente frente a una conocida playa llamada Playa de la Venus. Marbella es una hermosa y popular ciudad en la costa sur de Andalucía, España. Tiene muchas playas que se extienden a lo largo de su costa. La belleza de las fotos de este sitio era absoluta y las críticas parecían convincentes. Todo el mundo estaba emocionado y listo para viajar a una ciudad de la que habíamos escuchado mucho. La casa parecía una mansión. Era grande y estaba reformada. Los suelos eran de mármol, los muebles eran modernos, y la piscina era de agua cristalina. Tenía capacidad para tres familias diferentes y el precio fue una ganga. Ganamos el premio gordo y encontramos la estancia perfecta para nuestras primeras vacaciones. Sophie y Elijah iban a estar con nosotros cuatro días; por lo tanto, queríamos asegurarnos de que este fuera un viaje inolvidable. Llegaron a Sevilla el miércoles por la noche y tenían previsto regresar a Hungría el domingo siguiente por la tarde. La primera noche la pasamos todos en casa, en Utrera; nos pusimos al día con viejos recuerdos y acomodamos a Sophie y Elijah. La noche siguiente, Tina nos invitó a una reunión en la casa de la familia de Cristina y Pablo. Comimos bocadillos, bailamos, reímos y jugamos juegos que nunca habíamos jugado antes. Fue una noche interesante y Sophie parecía haberlo pasado muy bien.

 Alquilamos un vehículo extra y salimos temprano el viernes por la tarde hacia Marbella. Fue un viaje de tres horas y media. Zipporah condujo el Mercedes Benz en el que iban Sophie, Tina y Tía Patri, mientras que mi familia y yo viajamos en nuestra monovolumen. El paisaje a través de las ventanas de los vehículos era realmente asombroso, lleno de montañas y tierras seductoras. No dudé en sacar mi cámara para dejar constancia de la belleza de la creación de Dios por estas tierras. Fue un viaje perfecto por el sur de España. Cuando llegamos a Marbella, no encontrábamos la casa. Esta ciudad era muy diferente de Utrera y Sevilla, y las calles eran bastante confusas. Pasó una hora y los niños comenzaron a desesperarse. Finalmente, encontramos nuestra casa alrededor de las seis y media de esa tarde. Todos estaban frustrados, cansados y hambrientos. Sin embargo, habíamos llegado bien y estábamos ansiosos por entrar en la propiedad. Cuando entramos en la casa, todos nuestros sentimientos negativos se disiparon. El lugar era simplemente magnífico. Era grandioso, elegante y moderno, como se indicaba en la página web. Todos estábamos asombrados por el encanto de la casa. El anfitrión amablemente nos mostró los alrededores y nos dio una breve sesión informativa sobre la casa y sus ventajas. Estábamos todos encantados y agradecidos por el hecho de haber llegado bien y juntos. Podía sentir escalofríos en mi cuerpo, pensando en los muchos obstáculos que mi familia y yo soportamos antes de viajar a España. Después cenamos, jugamos con los niños y luego nos relajamos. La casa tenía seis dormitorios grandes con cinco baños, una cocina remodelada en color blanco y negro, y un comedor adecuado para todas las fiestas. Cuando salimos de la casa, estábamos rodeados de mucha vegetación, dos piscinas relucientes y un paisaje impresionante. El patio trasero tenía diversos jardines, todos estaban cubiertos de flores de colores, hierba verde brillante y palmeras altas. Había dos dormitorios con dos baños en la planta principal, amueblados para dos personas en cada habitación. En la planta alta había una suite principal y una mini-suite. Ambas estaban bien diseñadas con amplios baños privados. Por su parte, el dormitorio principal tenía una gran terraza con vistas al patio trasero y una magnifica vista al mar. Incluso había una habitación más pequeña con un baño al lado de la cocina, abajo en el sótano. Esta habitación no se ocupó, pero fue bueno saber que estaba disponible. Todo el suelo de la casa era de mármol gris claro y estaba aclimatado. Después de instalarnos en la casa esa noche, permitimos que los niños vieran dibujos animados en el televisor de pantalla plana grande que se encontraba en la sala de estar. Tía Patri se sentó con los niños y todos se quedaron dormidos en los sillones. Zipporah, Sophie, Amos, Tina y yo nos sentamos en el patio para descansar y charlar un rato. Bailamos, hablamos y reímos toda la noche. Pero, debido al largo viaje, todos teníamos sueño, estábamos agotados. Nos despedimos y cada cual se fue a su habitación.

A la mañana siguiente, Amos, Tía Patri y Tina fueron al Mercadona para comprar comida. Cuando regresaron, Amos preparó un delicioso desayuno: patatas, huevos, verduras y pancakes. Todos desayunamos juntos, como si fuéramos uno, en el gran comedor. Durante el día nos relajamos y buscamos algo que hacer. Esa noche decidimos salir a conocer la ciudad. Fuimos al centro y compramos algunas cosas. Los centros comerciales eran enormes, tenían todo lo que las personas quisieran buscar. Los niños se emocionaron cuando pasamos por la juguetería. Les permitimos a todos escoger un juguete grande. A lo largo de nuestro paseo descubrimos una pequeña feria de barrio. Los niños saltaron en un trampolín, montaron en coches eléctricos y jugaron en las máquinas de juegos. Nosotros, los adultos, no dudamos en unirnos a los niños en esta diversión. Jugamos al pilla-pilla, montamos en los coches y tomamos muchas fotos. Cuando el lugar empezó a cerrar y la vida nocturna comenzó, supimos que era hora de meter a nuestros pequeños en casa e irnos a dormir. Todo el mundo tuvo un día lleno de acontecimientos. Más tarde esa noche, Zipporah, Sophie y yo salimos a bailar. Intentamos que Tina viniera, pero estaba demasiado cansada. Por lo tanto, las tres cogimos un taxi y fuimos a un pub. Nos embriagamos, bailamos, reímos, caminamos y conocimos gente diferente. Terminamos en un bar de karaoke ruso y conocimos a tres hombres negros. Recuerdo haber tenido una conversación estimulante con ellos acerca de la conciencia de nuestra gente. Uno de los hombres que conocimos en el bar ruso era de Jamaica. Era de mediana edad, calvo con barba de color sal y pimienta. Estaba muy bien vestido y se mostraba confiado pero humilde a la vez. Él interpretó «No Woman, No Cry» y sonaba como un artista profesional de reggae. Era extremadamente guapo e inteligente. En mi opinión, parecía tener conciencia espiritual. También había un hombre más joven que se parecía un poco al hombre de mediana edad. Era de las Islas Vírgenes y también inteligentemente encantador. El tercer hombre era de Senegal, también joven, guapo y amable. Su nombre era Moisés. Era joven, pero casado con dos hijos.

Al salir de este bar de karaoke ruso, se nos acercaron dos hombres españoles borrachos que se dirigieron a Moisés de una manera irrespetuosa. Zipporah defendió instantáneamente a Moisés con agresividad y pasión.

«¡No le hables así a este hombre! ¡Es un rey! Ella les gritó. Moisés sonrió con orgullo y se unió a Zipporah para reprender a estos hombres ignorantes y borrachos.

«¡Sí! ¡Y estas mujeres son reinas! gritó mientras agarraba su bicicleta.

En los últimos años, los negros de todo el mundo han empezado a dirigirse a sí mismos como compañeros "reinas y reyes", haciendo referencia a nuestro linaje real, así como el ánimo, el amor y el respeto hacia los demás. Hablamos un poco de dónde éramos todos y por qué estábamos en España. Cuando miré por encima del hombro, pude ver una mirada de confusión y vergüenza en los rostros de aquellos hombres. Esto me hizo sonreír para mis adentros, mientras estaba orgullosa de mi hermana y de Moisés por defenderse. El joven Moisés se adentró en la noche en su bicicleta con una sonrisa en la cara. Mientras caminábamos por la calle, explorando la zona buscábamos comida y un pub diferente, todos nos reímos del último incidente. Finalmente, nos detuvimos en una discoteca que estaba tocando buena música. Queríamos entrar, pero el guardia de seguridad parecía tener un problema. No podía entenderlo completamente, pero creo que tenía un problema con nuestro atuendo informal. De repente, dos hombres europeos borrachos intentaron saludar y dirigirse a nosotros usando la palabra N. Todas nos miramos unas a otras con incredulidad. Zipporah los corrigió rápidamente y les aconsejó que no volvieran a utilizar esa palabra. Mientras tanto, el portero se dirigió a su colega para preguntarle si estaba bien que entráramos. Con mis oídos supersónicos escuché como una verborrea irrespetuosa.

"Disculpe, ¿está hablando de nosotros?" Rápidamente pregunté en español.

Ambos me miraron sorprendidos mientras les sonreí con desaprobación. El hombre, en su ignorancia y vergüenza se quedó con la boca abierta. Sorprendido, avergonzado y confundido negó haber dicho nada. Me preguntó si sabía español y le dije que estaba aprendiendo, pero que sabía lo suficiente. Para entonces, la atención de Zipporah y Sophie se había desviado hacia mi conversación con el portero. Pero Zipporah la terminó rápidamente.

«¿Podemos entrar o no?» le preguntó con hostilidad.

Avergonzado y descubierto nos dejó entrar. Sophie insistió en que probablemente sí lo dijo porque parecía demasiado alterado para ser inocente. Al no permitir que la mezquindad de este hombre perturbase nuestras buenas vibraciones, entramos con orgullo. Encontramos un lugar perfecto para bailar y ser nosotras mismas. Era un lugar VIP y perfectamente acogedor para nosotros tres. Bailamos hasta que estuvimos demasiado cansadas para estar de pie. ¡Fue guay!

¡Es como si tu hermana tuviera una batería en la espalda! ¡Ella simplemente no se detiene!» Sophie exclamó.

Ambas nos reímos ya que estaba totalmente de acuerdo. Zipporah es animada, divertida y una máquina de baile. A medida que la noche comenzó a llegar a su fin, también lo hizo nuestra energía. Dimos por terminada la noche y cogimos un taxi para volver a casa sin problemas.

Más tarde esa mañana, todas desayunamos y empacamos nuestras cosas. Queríamos asegurarnos de que Sophie y Elijah llegaran al vuelo de Sevilla a tiempo. Amos y yo los llevamos al aeropuerto, mientras que Zipporah se quedó con los niños. Fue un momento agridulce despedirnos de Sophia y Elijah, pero sabía que nos volveríamos a ver. Todos guardaremos este recuerdo para siempre, porque el viaje a Marbella simbolizó el tiempo, el trabajo duro y el sacrificio que nos costó a mi familia y a mí poder llegar a disfrutar de una vida más feliz y pacífica, sin olvidar a mi mejor amiga Sophie.

A medida que se acercaba el invierno también lo hizo el aire frío. Siempre he disfrutado del invierno debido a las festividades navideñas. Pero el frío no era un aspecto del invierno que disfrutara mucho. Nuestro primer año en España fue más bien una introducción a la manera en cómo íbamos a vivir aquí. Aprendimos su cultura, tradiciones, formas de vida y geografía. Una pequeña curiosidad que sobresalía en mi mente era el conocer las Islas Canarias. Meses antes de hacer este viaje, hice el propósito de informarme bien sobre este país. Cuanto más leía sobre España, más similitudes descubría con los Estados Unidos. Las Islas Canarias me recordaron las cinco islas territoriales de los Estados Unidos: Guam, las Islas Marianas Septentrionales, Puerto Rico y las Islas Vírgenes de los Estados Unidos. También me hizo pensar en las islas vecinas: Bahamas, Jamaica, Haití, etc. Muchas de estas islas están llenas de belleza, naturaleza y orgullo negro. Las Islas Canarias me interesaron al igual que las islas de mi propio país.

Era una necesidad para mí visitar una isla, si no todas. Por lo tanto, Zipporah y yo decidimos hacer un «viaje de hermanas» a una de esas islas. Ambas estuvimos de acuerdo con la decisión, ya que al instante empezamos a buscar alojamiento y vuelos. Aunque hacía frío y un poco de lluvia, Zipporah y yo estábamos decididas a hacer de este sueño una realidad. Al ver todas las islas, mientras investigábamos lo que cada una de ellas nos ofrecía, Zipporah y yo coincidimos en Lanzarote. La isla estaba repleta de naturaleza, pero con un aura espeluznante. Tal vez la combinación del clima sombrío y las arenas oscuras es lo que formó mi opinión. De cualquier manera, disfrutamos toda nuestra estancia allí. Encontramos un encantador Airbnb o aparta hotel, mirando al mar, en la parte este de la isla. El anfitrión nos dio muy buenas indicaciones para llegar al apartamento. El viaje desde el pequeño aeropuerto a esta pintoresca ciudad fue espectacular. Zipporah y yo mirábamos con asombro mientras la taxista amablemente nos explicó un poco de la historia de la isla. Preguntó por nuestro lugar de origen y nosotros preguntamos por el suyo. Su música hizo que Zipporah se balanceara de un lado a otro. Nunca desperdiciaba una oportunidad para bailar. La taxista y yo nos reímos al verla agachándose hacia arriba y abajo al ritmo de la música. Creo que trajimos alegría y satisfacción a esta mujer durante este viaje de una hora a la ciudad. Este viaje fue muy importante para mí y unas vacaciones muy necesarias. Como madre de tres hijos, puede ser difícil encontrar tiempo para ti a solas. No había hecho un viaje sin mis hijos y mi marido en años. No sólo estaba agradecida a mi hermana por compartir este viaje conmigo, sino que estaba igualmente agradecida a Amos por ayudarme a cumplir mi deseo y, lo que es más importante, por entender la necesidad de hacerlo. Nos llevó al aeropuerto la mañana de nuestro viaje y nos deseó que lo pasáramos muy bien.

A nuestra llegada fuimos recibidas por un hombre amable, nuestro anfitrión. Nos enseñó el piso de dos dormitorios y nos dio información muy necesaria sobre los restaurantes junto con las muchas actividades que Lanzarote tenía para ofrecer. El piso era acogedor y de tamaño perfecto para dos o cuatro personas. Las paredes estaban pintadas de un verde azulado con un tema artístico de playa. Todos los electrodomésticos eran nuevos y todo estaba limpio. El anfitrión nos regaló una botella de vino blanco como una muestra de cálida bienvenida. El hombre nos dio las llaves y se retiró. Zipporah y yo nos sonreímos con el corazón rebosante de alegría cuando empezamos a acomodarnos. Después de colocar nuestras pertenencias, fuimos a un supermercado muy cercano a comprar algunas cosas. Después de dejarlas en el piso, decidimos dar un paseo. Queríamos familiarizarnos con la ciudad. Había muchas casas aisladas repartidas por las colinas, las montañas y la costa. También había una variedad de restaurantes a base de mariscos hacia el final de la ciudad. Paramos y comimos en un agradable restaurante al aire libre donde todo estaba delicioso y fresco. También conocimos a una joven pareja europea que también eran extranjeros viviendo en España. Eran muy simpáticos pero reservados. Nos informaron que visitar las Islas Canarias era una tradición anual para ellos como pareja. Esta información me llegó al corazón al pensar en los objetivos de mi relación con Amos. Nos aseguraron que Lanzarote es una isla impresionante.

Mi hermana y yo disfrutamos de nuestro almuerzo, vino local y conversación mientras nos reímos de nuestra infancia. Al ver que la parte este de la isla estaba justo frente a nosotros, decidimos preguntar sobre los paseos en ferry. La cajera era amable y hablaba muy bien inglés. Nos dio un horario y nos lo explicó al detalle. Estaba encantada de atender cualquier pregunta que tuviéramos sobre el viaje, así como sobre la isla. También se tomó su tiempo para ayudarnos a encontrar las mejores actividades en la isla. Finalmente, caminamos hasta casa y pasamos el resto de la noche en el balcón, bailando, cantando y recordando a medida que se ponía el sol. El aire era nítido y claro mientras el cielo se iluminaba en el más asombroso resplandor rojo y naranja que se pueda imaginar. Estuvimos bailando y riendo, grabando videos con nuestros teléfonos como si estuviéramos creando una película. Cayó la noche y el silencio nos adormeció a ambas. Subimos a la cama doble o de matrimonio y nos fuimos directamente a dormir.

A la mañana siguiente estaba nublado con una gran probabilidad de lluvia. Sin embargo, eso no nos desalentó ni a Zipporah ni mí para ir a explorar la isla. Desayunamos, nos vestimos y caminamos hasta el ferry que nos llevó hasta la otra isla llamada La Graciosa donde encontraríamos excursiones. El viaje en barco fue tranquilo, informativo y sin complicaciones. Pudimos ver otras islas mientras nos desplazábamos lentamente por el agua. Las vistas de la montaña eran asombrosas. Cuando finalmente llegamos a Graciosa decidimos caminar y explorar algo por nuestra cuenta antes de aventurarnos en una excursión organizada. Después de tomar un pequeño almuerzo, Zipporah y yo decidimos hacer una excursión de ocho km en bicicleta a la playa más famosa de La Graciosa, llamada Playa de las Conchas. Alquilamos bicicletas de montaña bastante nuevas en un local familiar de la isla, cerca del restaurante donde habíamos almorzado.

Al comenzar el viaje, observé el inhóspito paisaje. El sendero parecía un poco duro y yo estaba secretamente nerviosa. El hijo pequeño de los propietarios del local donde alquilamos la bicicleta, junto con su primo menor, nos guiaron fuera del pueblo. Me quedé muy impresionada por su velocidad, ya que ambos corrían delante mientras Zipporah y yo les seguimos con nuestras bicicletas. Nos mantuvimos pacientes, admirando su silencio y su sigilo para ponernos en camino. Una vez que salimos de la aldea, dimos una propina a los dos niños y nos dirigimos a nuestro destino. Se nos dibujó una sonrisa en la cara al ver que ambos recibían la propina con mucha emoción. Por casualidad nos topamos con la misma pareja europea que conocimos el día anterior. Estaban haciendo la misma excursión, pero con una ruta y una compañía diferentes. Todos permanecimos juntos sabiendo que ninguno de nosotros estaba seguro de la dirección que tomar en este lugar desconocido.. El sendero era rocoso, el paisaje era agradable, y las nubes cada vez se ponían más oscuras. Sin embargo, mi hermana y yo estábamos decididas a llegar a la Playa de las Conchas, al igual que aquella pareja. Ambas queríamos darnos un chapuzón en esta playa en particular, aunque fuera por un momento. Unos cuarenta y cinco minutos más tarde, llegamos a nuestro destino y fue absolutamente impresionante. Había kilómetros de costa abierta hacia el lado norte, así como rocas negras con arena marrón hacia el sur. Se han formado muchas calas y cuevas debido a las fuertes corrientes de agua y a las rocas. Con sus propias pequeñas playas, esta isla nos llegó al alma. Fue simplemente asombroso. El día estaba ventoso y ligeramente frío, pero ambas estábamos sudando por el largo paseo en bicicleta. Zipporah y yo encontramos el lugar perfecto, pusimos una toalla en la arena y descargamos nuestras pequeñas mochilas. Al percatarnos de que alrededor nuestra, literalmente no había nadie a la vista, a excepción de la pareja europea a lo lejos, Zipporah y yo aprovechamos. Ambas nos sentimos obligadas a darnos al menos un baño en esta preciosa playa canaria. Zipporah se adelantó, se quitó toda la ropa y sin miedo se sumergió en el océano desnuda. En silencio esperé mientras reflexionaba sobre mi vida. Unos minutos después, Zipporah regresó y exclamó lo bien que se sentía en el agua. Explicó el frío y la emoción de las olas al golpear su cuerpo, así que ahora, era mi turno para darme un chapuzón. Poco a poco me puse de pie con mi traje de baño de una sola pieza, viendo cómo las olas se movían hacia adelante con una gran fuerza. Instantáneamente pensé en las Escrituras de Dios, refiriéndome a Job 12: 7-10 donde dice:

" Pero consulta a los animales, y ellos te darán una lección; pregunta a las aves del cielo, y ellas te lo contarán; o habla con la tierra, y te enseñará; con los peces del mar, y te harán saber ¿Quién de todos ellos no sabe que la mano de SEÑOR ha hecho todo esto? En su mano está la vida de todo ser vivo, y el aliento que anima a todo ser humano".

Al reflexionar sobre estas palabras empecé a contemplar a los pájaros en el cielo, observé el movimiento del agua mientras metía los pies en la fría arena marrón. Miré las montañas desde lejos, respirando el aire libre y puro.

«¿Quieres que vaya contigo, hermanita?» Zipporah se ofreció como apoyo mientras interrumpía mis pensamientos y mi oración mental privada.

«No. Estoy bien», respondí rápida y tranquilamente sin dudarlo.

Sentí que necesitaba hacerlo sola. Caminé hacia las olas ruidosas que chocaban y simplemente me metí. Completamente sumergida, permití que las olas jugaran con mi cuerpo. Abrí los ojos bajo el agua como siempre lo hago. Todo lo que pude ver eran burbujas con tonos verdes y azules de agua rebotando alrededor de mi silueta. Me sentía como si estuviera en otro mundo. Finalmente, emergí, inhalando y exhalando profundamente como si fuera un recién nacido respirando por primera vez. ¡Zipporah tenía razón, el agua estaba increíble! Me deleité en el océano durante unos minutos más y luego me uní a Zipporah en la orilla. Mientras nos sentábamos tranquilamente, recuerdo que pensé en cómo me gustaría volver a esta misma playa durante la mejor época del verano, acompañada de toda la familia. Nadar y sentarse en esa playa era algo más que una simple excursión. Fue una liberación espiritual para mi hermana y para mí. Dejar ir el dolor de nuestro pasado y abrazar la paz y alegría de nuestro presente y futuro.

Exploramos las rocas y las cuevas durante un rato y decidimos volver a tiempo para coger el ferry de la tarde. Estaba ventoso y nublado cuando la lluvia comenzó a caer. No obstante, nos esforzamos por recorrer los ocho kilómetros de regreso. A lo largo del camino nos encontramos con un grupo de jóvenes europeos simpatiquísimos que estudiaban en el extranjero. Este viaje fue un sueño hecho realidad para la mayoría de ellos, así como para mi hermana y para mí. Todos hablaban inglés, expresando su pasión por la lengua y la cultura española. Conversamos con ellos durante la mayor parte del camino de regreso a la ciudad, lo que ayudó a que el tiempo pasara más rápido. Cuando finalmente volvimos a nuestro

Airbnb, ambas estábamos agotadas. Nos duchamos y Zipporah hizo una buena cena casera para nosotros. Pasta roja con champiñones fritos. Estaba delicioso y justo a tiempo. Esa noche fue una repetición de la noche anterior en la que bailamos, bebimos y escuchamos nuestros temas favoritos de un episodio de Soulection de nuestro DJ favorito, Joe K. Este viaje a Lanzarote no sólo fue grandioso, sino que también fue una escapada terapéutica para mí. Mi hermana y yo nos unimos más, abriendo nuestros corazones y revelándonos más secretos la una a la otra. Ambas obtuvimos más comprensión y aprecio mutuo. En nuestro camino de regreso al aeropuerto de Lanzarote, acordamos que este debía ser un viaje anual para ambas. Un «viaje de hermanas» especial para escapar, unirnos y liberarnos. No sólo Zipporah y yo viajamos juntas a las Islas Canarias, sino que también nos propusimos viajar a otras ciudades y pueblos. Estaba feliz de tener a mi hermana aquí conmigo. Se estaba convirtiendo en otra Mejor Amiga.

Me lleno de agradecimiento cuando pienso en la bendición de tener a mis dos mejores amigos conmigo. Mi marido y mi hermana. Mientras que Amos es sereno, racional y lógico, tanto Zipporah como yo somos todo lo contrario y nos equilibramos mutuamente. Formábamos un gran equipo familiar. Zipporah siempre era invitada a diferentes eventos, fiestas y viajes y no dudaba en invitarnos a Amos y a mí. A menudo me expresaba cómo echaba de menos su casa. Pero España le parecía chica. Simplemente deseaba un lugar que acogiera la diversidad, no sólo en lo que respecta a las personas, sino también a las culturas, las tradiciones, el entretenimiento, la comida, etc. Mi familia y yo teníamos un fuerte deseo de introducir nuestra cultura, estilo de vida y tradiciones en España. Compartiendo nuestras costumbres americanas mientras ellos compartían las suyas. Decidimos crear un canal de YouTube para nuestros hijos titulado AG3 Kidz TV, destacando la educación multilingüe. Esto se convirtió en un éxito y algo que todos disfrutamos juntos. Amos, mis hijos y yo misma somos músicos y queríamos integrar ese aspecto de nuestras vidas aquí en España también. No obstante, también tuvimos que encontrar esas oportunidades.

Zipporah también fue bendecida con muchos dones, y uno de ellos es la escritura. Predominantemente poesía. Empezaba a anhelar una manera de exhibir su arte poético. Poco después, encontró una oportunidad perfecta para satisfacer su anhelo. Este evento tuvo lugar en Barcelona, que está a unos novecientos kilómetros al norte de Utrera. Pero la distancia no impidió que mi hermana cumpliera su sueño de actuar en España.

Zipporah contactó con un hombre que organizaba encuentros de poesía en un bar llamado Tinto en Barcelona. Estos encuentros se celebraban una vez al mes y normalmente en un fin de semana. Zipporah sintió que esta era su oportunidad. El evento fue organizado para animar a los poetas de toda España a competir superarando unas normas y recitando su poesía cronometrada, con errores limitados y delante de unos jueces. Zipporah estaba decidida a ir y yo deseaba desesperadamente unirme a ella. Hablé del viaje con Amos, y ambos estuvimos de acuerdo en que debía estar allí para apoyar a mi hermana mayor. Zipporah y yo vimos esto como otra nueva oportunidad para emprender un "viaje de chicas". Zipporah invitó a Jessica y Tazjaa a unirse y ambas accedieron. Tanto Jessica como Tazjaa compartían el mismo sentimiento que yo. Orgullo. ¡No sólo me entusiasmó visitar Barcelona por primera vez, sino que estaba aún más entusiasmada por ver a mi hermana actuar en vivo por primera vez en una competición! La vida de ambas nos llevó directamente a varios lugares y experiencias únicas. Esta era una de ellas.

Lo mejor de este viaje fue que nos dio a ambas la oportunidad de restablecer nuestro vínculo como hermanas adultas. De pequeñas siempre estuvimos muy unidas, pero perdimos esa cercanía cuando nuestros padres murieron, y todos se aventuraron en diferentes direcciones para encontrarse a sí mismos. En estos viajes a la autoconciencia, mi hermana y yo nos dimos cuenta de que nos necesitábamos la una a la otra. En consecuencia, nos comprometimos a permanecer unidas.

Zipporah y yo hicimos un plan estratégico con Jessica para pasar un tiempo memorable en Barcelona. Compramos nuestros vuelos, alquilamos nuestra estancia y continuamos con el plan. Todos tomamos un vuelo temprano el jueves por la mañana. Tazjaa tenía que trabajar el jueves y prometió reunirse con nosotros el sábado. Ella quería ver a su amiga actuar en vivo también, aunque sólo fuera por un día, Todos lo hicimos. ¡Zipporah, Jessica y yo caminamos por la ciudad, explorando Barcelona durante dos días! La ciudad está repleta de vida y diversidad. Personalmente nunca había visto tantos europeos con locs, o como aquí dicen Rastas, hasta que visité Barcelona. La gente allí era de todo el mundo, de turistas a ciudadanos.

Estaban todos juntos viviendo sus emocionantes vidas de ciudad. Fue un espectáculo emocionante de ver. Varias partes de Barcelona estaban pobladas con gente de todo el mundo: árabes, turcos, chinos, etc. La arquitectura era igualmente única e impresionante. La gente parecía más despreocupada, confiada y feliz. El viernes por la noche fuimos a un club que interpretaba «Shackles» de Mary Mary. ¡Me pareció sumamente divertido que, en 2019, un grupo cristiano negro americano se presentara en una discoteca de Barcelona, España! Estábamos muy contentos con el trabajo del DJ. Seleccionó una maravillosa variedad de música, desde pop hasta reggaetón, ritmos afro y salsa. Conocimos a mucha gente diferente, incluyendo a un grupo de jóvenes africanos que eran hermosos y educados. Continuamos la noche con risas, hablando y bailando.

Al día siguiente, Zipporah y Jessica decidieron seguir explorando un poco más la ciudad mientras yo dormía. Tazjaa llegó esa tarde. Se instaló en la tercera habitación mientras ambas esperábamos que Jessica y Zipporah regresaran. Cuando volvieron, compartieron con nosotros el increíble día que habían tenido. Caminaron por una colina hasta un lejano jardín natural, vieron muchos monumentos y fuentes e incluso compraron arte callejero a un cubano. Zipporah cocinó una sabrosa comida mientras todos hicimos los preparativos para el evento de la noche. Todos comimos juntos en la mesa y luego nos fuimos. Callejeamos hasta el bar Tinto y, para nuestra sorpresa, fue sólo un perfecto y conveniente paseo de tres minutos. Fuimos recibidos con sonrisas y vibraciones positivas una vez que llegamos.

Este grupo de poesía en particular creó un espacio cálido donde los poetas podían desnudar sus corazones en el escenario sin críticas ni odios. Aunque el slam de poesía era una competición, era igualmente una oportunidad para expresarse. Se permitió que todo el recital fuera en inglés. Estaba contenta porque me encantaba la poesía y quería relajarme, no preocuparme por tratar de traducir. El bar y el escenario eran a la vez robustos y elegantes. Hubo un total de nueve participantes y tres jueces. Una mujer a la que acababa de conocer se sentó junto a nosotras. Era bastante amable, algo extravagante y muy liberal. Todas conversábamos antes de que empezara el recital. Nos dijo que era de Barcelona e incluso nos dio un poco más de información sobre esta ciudad. Hablaba varios idiomas, incluyendo el propio catalán. Fue interesante saber que Barcelona tenía su propio idioma, que sólo se habla en esta comunidad. En consecuencia, «la mayoría de los barceloneses son multilingües», nos explicó la joven. Agradecí esta conversación, así como Jessica, Tazjaa y Zipporah.

Para nuestra sorpresa, Zipporah fue la única participante de habla inglesa que compitió. Creo que esto le dio una ventaja junto con el hecho de que era una intérprete muy experimentada. Las letras no eran sólo un pasatiempo para Zipporah, sino un don especial que Dios le dio. Estaba segura de que podría ganar esta competición. Mientras tanto, quedé excepcionalmente impresionada al escuchar a los demás poetas, todos de diferentes ámbitos de la vida, que hablaban con la pasión que emanaba de sus corazones en una lengua distinta a la suya. Estaba muy exaltada cuando vi a Zipporah tomar su turno. El poder de su presencia y sus palabras exigían la atención de cada oído en esa habitación. Creo que esta pudo haber sido una de las primeras veces que habían presenciado a una poderosa reina negra interpretar la palabra hablada en directo. Disfruté de la admiración de los oyentes tanto como disfruté del poema de Zipporah. Después de terminar la primera ronda, todos se quedaron sin palabras. Ella recibió una puntuación de ochenta y nueve sobre cien, colocándola en tercer lugar ¡sólo en la primera ronda! En la segunda ronda sólo tomaron parte los cinco primeros participantes de la primera ronda. Esto se estaba poniendo reñido y mi ansiedad comenzó a aumentar de la manera más estimulante. ¡Zipporah ha logrado llegar a la segunda ronda! Todas la aplaudimos con orgullo y emoción, animándola. Hicimos un breve descanso y en diez minutos pasamos a la segunda y última ronda. Recuerdo que los cinco intérpretes lo hicieron excepcionalmente bien. De los poemas que Zipporah escribió, recitó uno de mis favoritos, "Crying Queen". Aborda de forma artística pero agresiva el dolor y la experiencia de una mujer negra que vive en Estados Unidos, soportando los latigazos de una historia horrible que se filtra en un futuro confuso. Sinceramente creo que uno de los jueces se sintió ofendido por el mensaje del poema y le dio a Zipporah una puntuación baja. Había otro poeta masculino que era poderoso y auténtico, pero lamentablemente se pasó de tiempo, perdiendo varios puntos. Esto le dio a Zipporah una ventaja, ya que fue la última intérprete. Zipporah tenía la puntuación más alta entre los que ya habían actuado. Espiritual y psicológicamente, ganó sin competencia. Según las reglas del concurso de poesía, Zipporah consiguió el primer lugar con la puntuación más alta. Tuvo una buena actuación valiéndose de la memorización. No se trabó con las palabras, mostrándose segura en todo momento y manteniéndose dentro del tiempo permitido. Había algo muy satisfactorio en ver a Zipporah ganar la competición de poesía a pesar del «juez que se sintió ofendido». Mi corazón se regocijó por este logro, no era sólo de ella, sino que todos lo compartimos como si fuera nuestro. Como premio Zipporah recibió un vale para comer en un conocido restaurante griego orgánico. El organizador del concurso de poesía estaba tan sorprendido por Zipporah que hizo una llamada telefónica al dueño del restaurante, insistiendo en que todos comiéramos gratis y no sólo Zipporah. Estábamos muy agradecidas. Nos despedimos, prometiendo volver y rápidamente nos fuimos para llegar antes de que cerrara el restaurante. Cuando llegamos, el lugar estaba lleno de gente. El propietario nos saludó felicitándonos y nos sentó en una mesa ya preparada para cuatro. Nos hicimos fotos con el propietario y disfrutamos de la comida. Cada bocado era delicioso, y en general fue una experiencia hermosa. Estaba tan orgullosa de mi hermana que casi lloré. Podría decir que esto era sólo la punta del iceberg, el hecho de que nuestros dones y talentos se compartieran con el mundo.

Ese iceberg seguramente fue descubierto en toda su dimensión cuando Zipporah fue invitada a actuar en un evento a micrófono abierto en Madrid. El tema de este evento en particular fue "Black Joy as Resistance", inspirado en el libro fotográfico titulado *Black Joy and Resistance* "de Areinne Waheed. Este evento fue muy especial para nosotros porque conmemoraban el Mes de la Historia Negra. ¿Quién habría sabido que encontraríamos un micrófono abierto celebrando nuestra propia historia negra en España? Este evento fue llevado a cabo por una organización de propiedad negra llamada Art Spoken Madrid. Esta organización proporcionó una plataforma aquí en España donde las personas de color pudieran expresar su arte. El Sr. Charles Snyder, director creativo y fundador de esta organización, hizo que nos atrajera la idea de asistir al evento. Fue profesional, esclarecedor y alentador. Trabajó diligentemente para conseguir que tantas personas melanizadas como fuera posible asistieran a este evento para compartir el poder del talento negro y la unidad. Zipporah no dudó en presentar su solicitud y comprar su billete a Madrid. Amos y yo sentimos que también teníamos que ir. Queríamos y necesitábamos ser parte de esta exposición del amor negro en España. Por lo tanto, compramos nuestros billetes también.

"Tú también deberías actuar, hermana", sugirió sutilmente Zipporah.

Podía oír su espíritu desafiando y alentando al mío.

"El tema es la alegría negra como resistencia", afirmó con entusiasmo.

Qué ironía, pensé mientras me sumía en la reflexión, formando simultáneamente un poema en mi cabeza.

«¡Lo haré, hermana, gracias!» Dije.

Entre mi hermana y yo había muchas cosas que no se decían porque estábamos muy compenetradas. Todos hicimos preparativos para salir a Madrid. Amos y yo contratamos a Tía Patri para que cuidara de los niños durante el fin de semana mientras nos uníamos a Zipporah para esta experiencia espectacular. Zipporah llegó antes que nosotros el viernes por la mañana. Quería meditar, relajarse y cocinar una comida para nosotros antes de partir para el evento. Amos y yo nos reunimos con ella en el Airbnb esa noche. A nuestra llegada fuimos recibidos por Zipporah con buena música, un delicioso aroma y una acogedora habitación lista para nosotros. Entramos en el hermoso y elegante piso con asombro. Por la fachada del exterior del edificio, no estábamos seguros de qué esperar en el interior. Sin embargo, nos sorprendió y alivió ver todo lo contrario. El lugar transmitía una vibración muy cálida y hogareña, con muchas pinturas hermosas en la pared. Las habitaciones habían sido reformadas, así como la cocina. Todos los electrodomésticos funcionaban perfectamente bien y ambos baños estaban limpios y brillantes. Zipporah tenía la mesa puesta para los tres, ya que parecía ser un festín. Había espaguetis de fideos planos caseros acompañados de aguacates recién cortados, setas de ostra fritas y cruasanes españoles frescos. Todos comimos hasta saciarnos, luego nos vestimos para salir. El evento de la Historia Negra estaba previsto para el sábado por la noche. Zipporah, como la festera que es, encontró una fiesta de R&B en una azotea de la ciudad. Esto fue un placer para todos nosotros porque el R&B no era un género musical común en España como lo es en los Estados Unidos. Se llevó a cabo en el club de un hotel de cinco estrellas llamado Hotel Puerta América Madrid. El hotel tenía un rascacielos que sobresalía en el barrio de Prosperidad de Madrid. Los tres disfrutamos escuchando nuestras canciones de R&B de los 90. Todos bailamos hasta que terminó la fiesta y luego volvimos al piso a dormir y prepararnos para el gran día.

Practiqué mi poema una y otra vez, nerviosa por actuar. Fue para mí un honor tomar parte en este evento porque era una representación mía y de mi pueblo. A la mañana siguiente, Zipporah y yo descansamos para prepararnos para nuestra actuación de esa noche. Después de desayunar, Amos decidió recorrer la ciudad tanto como pudo. Vio intérpretes callejeros improvisados. Vio el hermoso Palacio Real de España. Disfrutó a fondo del paisaje, solo con su cámara en la mano capturando cada momento. Cuando regresó, todos nos vestimos con nuestro mejor atuendo africano, tomamos un pequeño refrigerio y nos dirigimos al evento. Estaba a solo 5 minutos caminando.

Llegamos un poco antes, a tiempo para conocer a Charles y su equipo. Nos reímos y socializamos con muchos otros individuos melanizados, lo cual fue edificante y refrescante. Según pude observar, el coordinador de la organización Arts Spoken Madrid, Charles, es un gran hombre con una visión poderosa. Este evento era la prueba de ello. Al entrar en el restaurante, nos dirigieron abajo a una sala de exposición con poca iluminación. Había un escenario muy íntimo con instrumentos en un lado y la entrada del escenario por el otro. Hacia atrás había un bonito bar y una pequeña cocina con bebidas y refrescos. Delante del escenario había mesas y sillas colocadas elegantemente para los invitados. La habitación era espaciosa pero íntima. ¡Estaba llena de gente negra, marrón y blanca de todas las diásporas! Algunos estaban vestidos para impresionar, mientras que otros iban más sencillos. Ver una gran sala llena de melanina nos alentó y levantó el ánimo más de lo que creíamos. Charles y su equipo informaron a todos los intérpretes mientras todos empezamos a prepararnos. El equipo audio-visual estaba listo, los músicos en su sitio y Charles estaba entusiasmado.

De once intérpretes, Zipporah tuvo el honor de abrir el evento. Charles, estratégicamente, le pidió que fuera la primera porque consideraba que tenía experiencia y tenía una buena actuación. Esta táctica demostró su experiencia en el campo. Yo era la quinta intérprete. Tanto mi hermana como yo estábamos súper honrados y emocionados de poder actuar en un movimiento de tanta categoría. Amos estaba a mi lado, apoyándome en cada paso del camino. La gente llegó a tiempo y tomó su asiento. La sala estaba llena de gente de todo el mundo, todos compartiendo el mismo deseo de ser elevados con el amor, el talento y la pasión de cada artista. Charles abrió el evento con una poderosa introducción y presentación del tema del evento. Cuando presentó a Zipporah, mi corazón empezó a latir rápidamente de orgullo. Podía sentir los nervios de Amos sacudiéndose mientras quería que ella nos representara bien. No tenía ninguna duda de que lo haría. Zipporah subió al escenario con una hermosa presentación de sí misma. Ella estaba muy segura y nada le molestaba. El primer poema poderoso que recitó fue "Muerte a la vida", una pieza que expone la necesidad de que nuestro pueblo despierte y se eleve por encima del odio y el racismo en este mundo. Cautivó los corazones de algunos mientras que otros estaban perplejos. La poesía a menudo puede tener ese efecto en las personas. El segundo poema que recitó fue «Resistencia alegre». Este era mi favorito porque era un poema que escribió específicamente para este evento. Me sorprendió su habilidad para memorizar algo tan profundo en tan poco tiempo. En general, Zipporah ejecutó bien su actuación y seguramente representó bien a nuestra tribu. Terminó el poema con un puño en el aire, representando la fuerza negra y la unidad. Su actuación fue inolvidable ya que puso el listón muy alto. Esta era la segunda vez que veía a mi hermana actuar en vivo y me quedé desconcertada. ¡Estaba más orgullosa de esta actuación que de su victoria en Barcelona! Fue algo muy especial y sobrenatural que vertió en las psiquis de nuestros hermosos reyes negros y reinas en esa habitación. Amos y yo estábamos sonrientes y con una satisfacción que nos calaba hasta los huesos. A medida que continuó el evento también lo hizo mi nerviosismo.

En el pasado ya había interpretado mi poesía, pero sólo durante los despliegues y otras funciones militares, lo que ocurrió hace muchos años. Me di cuenta que esta era la primera vez que actuaba con un micrófono abierto fuera del ejército y de la iglesia. Recuerdo expresar mi temor a Zipporah y cómo ella hizo que desapareciera con sus palabras alentadoras. Era una experta y conocía la sensación de nerviosismo antes de una actuación. Me dio el mejor consejo que me calmó los nervios.

«Simplemente actúa con calma, como si estuvieras conversando con ellos. ¡Habla con tu audiencia, hermana!»

Sus palabras resonaban en mi cabeza mientras me encontraba en el oscuro escenario con la luz que me deslumbraba impidiéndome la visión. Sentía mi corazón latiendo con fuerza en mi pecho. Me presenté con voz nerviosa. Luego me detuve, respiré profundamente y miré hacia abajo para tomar mi posición para actuar. Lentamente levanté la cabeza y empecé a recitar, lentamente también, mi primer poema escrito de memoria. Cuando el primer verso salió de mi boca, llegó la calma y mi nerviosismo desapareció sin dejar rastro. Simplemente me dirigía a mi público, que luego se convertía imaginariamente en mis terapeutas y personas que me daban consuelo. Los suspiros silenciosos y las aclamaciones que mostraban su acuerdo sólo podían experimentarse en una sala llena de melanina. Cada palabra salía desde lo más hondo de mi corazón. Luego, casi sin darme cuenta, terminé mi primer y original poema: "Mi orgullo negro".

Hay algo muy especial que tengo en el interior.
Y ese algo especial es mi orgullo negro.
Es un sentimiento abstracto que arde dentro de mi corazón.
Es un lugar cerca de mi alma, que está separado.
A veces pienso que mi orgullo es demasiado,
y que lo construí en un escudo que nadie puede tocar.
Mi mente se detiene y se pregunta cuán lejos llegó mi gente.
Y la diferencia e influencia que hemos hecho.
Los libros de historia no te dirán que ayudamos a construir esa América.
Y que nuestra fuerza y coraje están hechos de acero.
Cuando pienso en mi tatarabuelo, que era un esclavo.
Toda la agitación y el trabajo que hizo hasta su tumba.
Oh, cuánto debió haber sufrido mi tatarabuelo, mucha miseria y dolor.
Luego me miro a mí misma y a mi familia y me doy cuenta de que no fue en vano.
«Negros espirituales» los esclavos cantaron.
Martin Luther King dijo: «¡Que reine la libertad!»

Y como resultado, trajo la unidad.
Así que tengo todo el derecho a estar orgullosa de mi negritud.
La historia negra es el novio, y yo soy la novia.
Así que, si hay algún sentimiento en mí que no se agita.
Una sensación poderosa que nunca se romperá.
Es una fuente poderosa que nunca dejaré escapar.
Y esa poderosa fuente es mi orgullo negro.
(Joy E. Glenn, «Mi orgullo negro»)

Apenas oí los fuertes aplausos, los vítores y los chasquidos de dedos porque estaba concentrada. Me detuve unos momentos y poco a poco leí mi segundo y más reciente poema de mi teléfono móvil: «Amo a mi melanina.»

Me encanta mi piel morena que puede absorber y recibir la curación del sol.
Me encanta mi grueso pelo negro, cada loc representa mis viajes de vida.
Me encanta mi voz, fuerte y conteniendo un cierto bajo que produce tanto poder como intimidación.
Amo mi espíritu, en el que siempre soy capaz de aprovechar la presencia de Dios.
Amo mi sangre, que está permanentemente arraigada con el ADN de Dios.
Me encanta mi fuerza, que nunca podrá ser disminuida sin importar cuántas generaciones de abusos y odio hayamos soportado.
Me encanta mi «descendencia», que ya son inevitablemente mejores versiones de mí misma.

Amo a mi rey, que vio a la reina en mí y la desafió a salir.
Amo mi vida; una hermosa reina morena, que vive en una tierra extranjera que sin saberlo nos prolonga con reverencia.
Y me encanta mi nombre, JOY (alegría en inglés); dado a mí por padres deprimidos ansiosos de romper sus maldiciones generacionales.
La alegría ha sido la fuente de mi fuerza a través de mi horrible pasado.
Ahora alegría es lo que poseo al caminar mi sendero de luz.
Dios mío, mi melanina y mi alegría están envueltos en una sola fuente de energía.
Yo.
Me encanta mi melanina.
(Joy E. Glenn, «Me encanta mi melanina»)

Estratégicamente respiraba profundamente después de cada línea, permitiendo que mis palabras y sentimientos se hundieran en los corazones y las mentes de mis oyentes. De repente, estaba recitando la última línea de mi segundo poema. Una ola de confianza y alivio se precipitó instantáneamente por mi cuerpo. Sin ningún pensamiento deliberado, soplé un beso a mi audiencia y rápidamente, pero con confianza, salí del escenario. Estaba muy orgullosa de mí misma y también mi marido y mi hermana. Ella me dio una ovación de pie mientras otros la siguieron. Gritó a todo pulmón, con los ojos llorosos y aplaudiendo con fuerza. Estaba orgullosa de su hermanita y yo lo sentí. La sonrisa de Amos calentó mi corazón, y su abrazo y beso suavizaron mis nervios. Recibí varios apretones de manos, palabras alentadoras y amor de la audiencia. Seguimos viendo artistas increíbles compartiendo sus dones y talentos con nosotros. Otros poetas negros americanos, bateristas afrocubanos, cantantes y guitarristas hicieron esta noche fenomenal. Las palabras no podían describir la vibración y sanación que todos recibimos esa noche. Muchas actuaciones nos elevaron mientras que otras nos hicieron llorar. Todos alimentamos nuestros corazones de diferentes maneras.

Después del espectáculo nos reunimos y hablamos con muchas personas negras encantadoras de los Estados Unidos, el Caribe y el Reino Unido, entre otras. ¡Esta fue una sensación increíble! Poco después, caminamos algo más de un kilómetro hasta un restaurante etíope que nos recomendó una mujer local que era vegana. Tanto la comida como el servicio al cliente fueron geniales. Era una manera perfecta de terminar la noche. Con el corazón y la barriga llenos, dimos una propina al camarero y salimos del restaurante de buen humor. A la mañana siguiente, tomamos un vuelo temprano de regreso a Utrera. Disfrutamos de la belleza de esa experiencia en Madrid durante el resto de ese mes, con la esperanza de encontrar un evento como ese en el futuro.

Capítulo 6:

¿Me quedaría?

Durante los tres años que llevo viviendo en España, siempre me plantean la misma pregunta. ¿Me quedaré en España? Esto puede parecer una pregunta fácil de responder, pero no lo es. Mi familia y yo hemos experimentado mucha grandeza y gozo mientras vivimos en España, pero ¿queremos llamarlo nuestro hogar para la próxima década hasta que los niños crezcan? Considero que es normal que los padres tengan el deseo de encontrar ese lugar perfecto para criar a sus hijos. Sin embargo, algunos padres consideran necesario que sus hijos viajen a lo largo de su juventud, viviendo y aprendiendo a través de escapadas reales y vivas. Amos y yo somos de los padres que desean que sus hijos crezcan con amigos a los que puedan llamar familia. Esta es una característica de Utrera que realmente adoro. Hay un sin número de personas que viven en esta ciudad que se conocen de toda la vida. Cuando veo a Tina y a sus amigos de más de hace más de quince años, compartiendo historias de recuerdos de la infancia, pienso: quiero que mis hijos tengan esas mismas experiencias en esta etapa de sus vidas con sus mejores amigos. Sin embargo, cuando pienso en que mis hijos crezcan en Utrera, me hace pensar. En mi opinión, creo que mis hijos, marido, hermana y yo prosperaríamos más en una ciudad más grande. Una ciudad que encarne la diversidad, la comprensión de las diferencias culturales y la aceptación del cambio. Puedo decir honestamente que me quedaría en España, pero no en Utrera. Este pueblo fue un gran nuevo comienzo para todos nosotros y siempre estaremos agradecidos. Sin embargo, cuando los contras superan a los pros, me imagino que es hora de evolucionar y aceptar el cambio. Por lo tanto, cuando me preguntan si me quedaré, respondo que sí. Me quedaría a criar a mis hijos en este hermoso e imperfecto país. Visualizar este cambio que estamos a punto de emprender me trae gratitud y paz. Son estos momentos en los que imagino el lugar al que todos podemos llamar hogar. De las muchas ciudades que hemos visitado tendría que admitir que Cádiz y Málaga son dos de nuestras opciones favoritas. Queremos que nuestros hijos crezcan cerca del mar donde uno puede encontrar todos los elementos. Queremos que nuestras vidas no sólo sean ricas sino también satisfactorias. Necesito que mis hijos se sientan cómodos con lo que son, no sólo a través del amor a mí misma y a ellos, sino que también deseo que encuentren ese amor a través de ellos mismos viéndolo en los demás. Creo que Utrera no es el lugar para que mis pequeños niños negros encuentren ese amor propio. Muy dentro de mi corazón puedo coincidir en que este lugar del que hablo está a nuestro alcance. No es sólo un objetivo, sino que es nuestro futuro. Un futuro brillante donde podamos sentirnos aceptados, verdaderamente amados, carentes de la noción de estar fuera de lugar. Como mujer negra estadounidense, que ha vivido en los Estados Unidos la mayor parte de su vida, debo admitir que honro y aprecio la diversidad. Creo que este es un aspecto importante a la hora de decidir el lugar idóneo para establecer el hogar. Porque no se trata del color de la piel, sino de compartir y respetar diversas creencias, culturas y tradiciones. Cuando uno encuentra un ambiente que incluye una vida llena de cambios, crecimiento y heterogeneidad, ha encontrado su lugar y su hogar. Actualmente aún no hemos encontrado el nuestro, pero pronto podremos decir lo contrario.

Desde agosto de 2018 hasta hoy en el año 2021, puedo decir que mi vida en España ha sido muy inspiradora. No sólo encontré paz mientras vivía con plenitud en Utrera, España, sino que también he derrotado la ansiedad y la depresión. Ahora no me malinterpreten, no atribuyo el mérito exclusivo de los cambios en mi vida a un solo país. Porque también se lo debo a Dios y a mí misma. Sin embargo, con una alimentación más saludable, un ambiente más feliz y su rica y vibrante cultura, en España he superado muchas cargas.

Ocasionalmente se produjeron pequeños incidentes de aceptación. Recuerdo cuando se me acercó Cristina, una de las madres de la clase de Aaron. Me preguntó si podía ayudar con los movimientos de baile para la última obra del año. Se lo agradecí, ya que me sentía honrada al saber que había oído hablar de mis habilidades para el baile a las otras madres que asistían a nuestra clase de baile. Al comenzar la preparación, Cristina se ofreció de voluntaria para tener las reuniones en su casa. Ella estaba dispuesta a ayudar y siempre estaba disponible. Fui andando hasta la casa de Cristina porque caminar por las calles de este pintoresco pueblo me ayuda a sentir tranquilidad y calma. A mi llegada, antes de entrar a la casa de Cristina fui recibida por otras dos madres, Ángeles y Loli. Al acercarme a ellas, ambas dejaron de hablar y me saludaron. Ángeles me miró lentamente de pies a cabeza, me sonrió con una genuina bondad.

"¿Qué pasa, Joy?", preguntó con un ligero matiz de sarcasmo en su voz. Me hizo mucha gracia su gesto porque me recordaba a mi hogar en Florida. Me sentí como si Ángeles fuera una de mis "chicas del barrio", su voz sonaba como la de una "hermana". Me reí de mí misma mientras respondía con humor.

«No mucho, ahí llevándola.»

Ángeles y Loli se rieron de mi respuesta al escuchar mi empeño en hablar español a la manera andaluza. Mientras intercambiábamos una rápida conversación sobre nuestros hijos y mi deseo de permanecer en España, me di cuenta que se sentían más cómodas conmigo. Sentí que percibían que mi familia y yo estamos aquí para quedarnos, así que eso creó un cierto nivel de aceptación.

Cada vez que hablo sobre la falta de diversidad en Utrera con Zipporah, a menudo me sorprende la misma diversidad. Sin embargo, es un hecho que de las 52,000 personas en la ciudad de Utrera, sólo 667 son de otras nacionalidades. Sólo podemos hacernos una idea de cuántos de esos 667 son negros. Sin embargo, Zipporah, Amos y yo hemos conocido a otros hombres y mujeres de color en esta ciudad, algunos de América Latina, otros de los Estados Unidos y África. Recuerdo el día que conocí a mi amiga Beatriz, una fuerte y hermosa madre del colegio de los Salesianos. Betty está casada con un utrerano. Tienen tres hijos. Cuando la conocí, su primer hijo, Cristian, tenía veinte años. Su hija, Carolina, tenía nueve, como mi hijo Amari, y su hijo menor sólo tenía dos añitos. En ese año escolar, nos hicimos amigas. Nuestros hijos también se conocieron. Betty era hermosa, fuerte, orgullosa y un tanto mandona. Mi hermana y yo la amamos porque es valiente y orgullosa de sí misma. El año anterior, cuando llegamos, ella parecía hostil y desinteresada. Pero, con el paso del tiempo, empezamos a vernos más. Hablábamos más cada día. Una mañana, por ejemplo, entablamos una pequeña conversación e intercambiamos números. Sin embargo, no fue hasta casi un año después cuando finalmente hicimos planes para tomar café. La primera vez que nos vimos, al instante establecimos una conexión maravillosamente natural. Era como si hubiéramos sido amigas en una vida anterior. Lo que más me llamó la atención y me encantó de Betty fue su forma de comportarse. Ella siempre caminaba erguida con la cabeza en alto. Esto me hizo darme cuenta de las veces que caminaba con la cabeza agachada, ya que a menudo caía en mis pensamientos profundos. Pero, debido a mi observación, ahora me aseguro de caminar como me siento. ORGULLOSA DE MI MISMA. Betty se estableció en Utrera tras su matrimonio hacía veinte años, con su marido español, Ramón. Su espíritu era gentil, y era muy tranquilo y sereno. Aunque había una brecha de edad entre ambos, no parecía haberla en su genuino amor y amistad. Esto fue evidente cuando salimos con ellos una noche y pasamos una velada maravillosa.

Cristian, su hijo de veintiún años, es un joven muy guapo, gentil, amable, inteligente y poderoso. Sin embargo, a mi entender, Cristian no sabía lo que valía. Su espíritu parecía ser amigable, pero con inseguridad, un poco de tristeza y ansiedad. Observar estos aspectos de su carácter me hizo preguntarle acerca de su experiencia y crianza en Utrera. Rápidamente me di cuenta de que Cristian estaba reparando su espíritu que había sido dañado por su pasado. Experimentó discriminación y odio cuando era niño. Fue atacado y maltratado por sus compañeros a lo largo de sus años escolares. Simplemente porque era un niño moreno con una madre afrocolombiana y un padre español europeo. Sus cualidades únicas hicieron que los niños lo trataran injustamente. Su padre era europeo y de Utrera, pero poco les importaba esto a sus atacantes. Lo trataron de forma diferente porque era diferente. Vi los ojos de mis pequeños niños negros a través de su dolor y me pregunté si esta ciudad era para nosotros. Tal vez los niños se sentían curiosos, intimidados, asustados, ignorantes, celosos o todo lo anterior. Sin embargo, la verdad era que tenía daños emocionales, psicológicos y espirituales causados por estas experiencias. Y esto me entristeció. Ver a un joven moreno tan afectado por las inseguridades, que carece del orgullo que debería llevar en su lugar. Esto hizo que mi corazón se rompiera al presenciar su alma. Sin embargo, pude apreciar sus habilidades artísticas, así que luego le pregunté acerca de sus pasatiempos. Cristian confirmó mis sospechas cuando me dijo que era realmente un artista. Intrigada, le pedí ver algunos de sus trabajos. Lo que vi fue una atractiva obra de arte. ¡Tiene mucho talento! Pensé para mí misma. Intenté explicarle lo mejor que pude que tenía que abrazar sus raíces afro-latinas. Le expliqué a Cristian que a pesar de haber sido criado en España con un padre europeo, es importante que entienda todos los aspectos de su vida. Lo alenté a explorar su linaje afrocolombiano. Creía que gran parte de su depresión provenía de su falta de conocimiento de su yo completo. Lo he denominado como "Territorio propio por explorar". Afortunadamente, pude ver como el futuro de Cristian se fue haciendo más prometedor a medida que evolucionaba y aprendía más sobre sí mismo. Esta interacción entre Cristian y yo me dio una gran perspectiva sobre mi propia vida y la de mis tres hijos pequeños que viven en esta pequeña ciudad de España.

Carolina es la hija de nueve años de Betty y Ramón. Es muy hermosa, enérgica y luchadora al igual que su madre. Tiene el pelo largo, grueso y rizado castaño oscuro. No he visto un cabello tan bonito en mi vida. A una edad temprana, ella también poseía un sentido del orgullo. Sin embargo, su comportamiento y actitud eran muy típicos de una joven andaluza: madura, luchadora, enérgica. Me gustaba hablar con ella porque su orgullo y confianza me hicieron pensar en Abi, mi niña. Su hija de dos años era muy joven, tranquila, linda y tímida. Siendo de la misma edad que Abi entendía su comportamiento y sabía cómo comunicarme con ella. Disfruté conociendo a Betty y a su familia, y esperaba que nos conociéramos más.

Las relaciones que he tenido mientras viví en Utrera y visitaba varias ciudades de España han sido un gran estímulo por lo que me quedaría en este país. Creo que estas conexiones son raras y únicas. A los pocos que considero amigos son a los que mantendré en mi vida por toda la eternidad. Aquellos que no son reales y sólo lo son por un momento, se quedarán aquí en Utrera. Porque todas las relaciones que entran en nuestras vidas son experiencias a través de las cuales debemos aprender y crecer. Ya sea familia o amigos, todos estamos presentes para enseñar, aprender y continuar desarrollándonos como humanos en esta tierra.

Cuando mi hermana mayor, Keturah, llegó con su esposa, Meli Rosa, sentí que la unidad de mi familia no sólo se desarrollaba, sino que nos expandimos a través del amor y metas comunes. La madre de D'iona, mi hermana mayor, ha tenido muchos obstáculos en su vida. Sin embargo, sigue en pie mientras busca lo mejor para ella y para su familia. Siempre ha jugado un papel importante en mi inspiración, y por eso elegí traer a D'iona en este viaje con nosotros a España, pensando en el futuro de nuestra familia en su conjunto.

Recordar el dolor de mi pasado y todas las luchas de mi pueblo en Estados Unidos anima mi decisión de elegir la felicidad, el honor y la verdad sobre el patriotismo. No mentiré y escribiré que España será el último lugar donde mi familia y yo residamos. Pero puedo confesar con confianza que este país es una gran opción donde mi marido y yo podemos criar a nuestros tres hermosos hijos. Con la esperanza de que toda nuestra familia se una a nosotros en nuestro pasaje para encontrar un hogar, continuamos buscando activamente la mejor ciudad y hogar que se adapte a las necesidades y deseos de toda la tribu.

Keturah y Meli estuvieron haciendo planes y preparándose para trasladarse a España durante unos dos meses antes de su llegada. Keturah realmente echó de menos a su hija, D'iona, y necesitaba reunirse con ella. Cuando finalmente llegaron a España un miércoles por la noche, estaba paralizada y esperaba con emoción el momento de ver a mi hermana mayor. También estaba ansiosa por conocer a Meli Rosa. A la mañana siguiente, vinieron a mi casa antes de que empezara el colegio para darle una sorpresa a D'iona. Primero Zipporah entró por la puerta mientras Keturah y Meli la siguieron. Cuando D'iona puso los ojos en su madre, jadeó y gritó sorprendida. Se abrazaron fuertemente como Celie y Nettie en *The Color Purple*. Mientras seguían abrazadas, todos sonreíamos en silencio contemplando la escena Después todos acompañamos a los niños al colegio. Pude presentar a Keturah y Meli a algunos de los amigos que Zipporah y yo hemos hecho en Utrera. En dos semanas, Keturah y Meli encontraron su propio lugar en la ciudad cerca del colegio de los Salesianos. Era perfecto y sabía que ambas estaban ansiosas por comenzar sus vidas juntas y con D'iona.

A medida que el tiempo pasaba, así lo hicieron Keturah y su esposa. Al igual que yo, Keturah y Meli echaban de menos su casa. Ambas expresaron su disgusto por las costumbres particulares de los españoles aquí. Keturah y Meli querían vivir en una ciudad más diversa, no en una ciudad pequeña. Su primera opción fue Sevilla. Meli Rosa, siendo una mujer hondureña, entendía y hablaba español con fluidez. Ella no tenía problemas para comunicarse y entender a la gente en España. Después de muchos días y semanas de búsqueda,

Keturah y Meli sintieron que sería mejor regresar a los Estados Unidos. Meli llegó a la conclusión de que no le gustaba parte de la grosería y los chistes estúpidos que algunos españoles hicieron sobre ella y su esposa. Considera que Utrera tiene sus prejuicios racistas. Como no entendemos el idioma, se nos escapan muchas palabras de falta de respeto e incomprensión, expresó. Ver que Meli se sintiera así me entristeció, pero agradecí conocer su perspectiva. Yo no percibí esto hasta que pasé dos años viviendo en esta ciudad, me di cuenta de que la observación de Meli Rosa, ¿llevaba algo de verdad? Sin embargo, en mi opinión, su verdad estaba arraigada en el escrutinio de su negatividad. Por lo tanto, mi familia y yo no hemos experimentado tanto este racismo y prejuicio como ella y mi hermana lo hicieron en tan solo dos meses. No obstante, sí se nos presentó a veces en ciertas ocasiones y circunstancias. Sea como fuere, también nos encontramos con otros casos en los que la gente de Utrera nos abrazó con cariño y aprecio.

Hemos tenido grandes experiencias y conexiones encantadoras. Por ejemplo, puedo recordar el día del sexto cumpleaños de Aaron. Esto fue durante la época de COVID-19, cuando todos estábamos en cuarentena. Todas las noches la gente se ponía de pie fuera de sus hogares aplaudiendo a los trabajadores esenciales de la ciudad. Todos apreciamos los sacrificios que hacían todos los días para mantener la ciudad en funcionamiento. Era hermoso verlo. Esta noche en particular nuestros vecinos sorprendieron a mi pequeño con el gesto más dulce que podíamos imaginar con motivo de su cumpleaños. Aaron y yo decidimos subir a la terraza para tener una mejor vista mientras charlábamos. Cuando abrí la puerta de la terraza que conduce al exterior, allí estaban nuestros vecinos a la izquierda y a la derecha, cantando «Feliz Cumpleaños» a Aaron. Se me llenaron los ojos de lágrimas al ver cómo María del Mar y su familia sacaban de su casa una tarta casera con seis velas encima. El rostro de Aaron irradiaba de alegría y gratitud mientras soplaba las velas. Mis vecinos y yo aplaudimos a Aaron mientras la música sonaba desde el otro lado de la calle. Todos nos reímos al ver el feliz baile de Aaron. Sus pies se movían de lado a lado al tiempo que agitaba sus pequeños brazos en el aire.

«Muchas gracias», expresé mientras contenía mis emociones.

Este momento me hizo sentir agradecida y honrada. Aunque sé que éste no es el hogar para nuestro futuro, experiencias como ésta nos recuerdan que éste es nuestro hogar en el presente. Con alegría y paz en nuestros corazones, practicamos combatir cualquier energía negativa con energía positiva. Esto es algo que le enseñé a mi hijo Amari a hacer mientras trataba con bullies. Sé que este pueblo no es perfecto y también sé que una casa no es un hogar sin amor familiar. Somos una familia de amor, sin importar lo que podamos soportar; porque el Salmo 30:5 dice: «El llanto puede durar una noche, pero el gozo viene por la mañana.»

Durante la cuarentena, todos fuimos testigos de un cambio en Aaron. Además de su talento musical natural, sus obsesiones y tics se convirtieron en arte y regalos. Me di cuenta de que Aaron tiene una memoria fotográfica y una obsesión con las banderas. Se sentaría a la mesa durante horas dibujando y coloreando las banderas de España, Andalucía y los Estados

Unidos. Los detalles intrincados de todas las banderas siempre estaban presentes en su obra de arte. Sin embargo, me di cuenta que su patriotismo era más fuerte hacia España que con nuestro propio país. Siempre dibujaba más banderas de España. Concluí que su patriotismo hacia España venía dado por el hecho de crecer aquí. Hemos visto a este pequeño niño tímido florecer como un muchacho valiente y súper inteligente.

Mientras tanto, a los dos meses de vivir en la ciudad, mi hermana y Meli decidieron que España no era para su familia. Creían que tanto a D'iona como a ellas les iría mejor en los Estados Unidos. Respeté su decisión, aunque no me gustó. Estaba triste de ver a D'iona y a mi hermana irse. Sin embargo, fui humilde y acepté esa decisión. Antes de que Keturah y Meli se fueran, Zipporah y yo queríamos hacerles pasar un buen rato en la ciudad. Era tarde, jueves por la noche. Estábamos todos en la casa de Zipporah jugando a las cartas cuando nos convenció a todos para vestirnos y salir. Fuimos Zipporah, Keturah, Meli y yo. Zipporah nos aseguró que Utrera estaría rebosante de vida y toda la gente estaría en Trece Bar o en La Antigua. Estos eran dos bares muy populares entre la gente. Sin embargo, fue después de las once de la noche cuando salimos y todo lo que encontramos eran tiendas cerradas y bares vacíos o solo con personas mayores. Keturah, Meli y yo nos reímos mucho de Zipporah.

«¿¡Nos arrastraste hasta aquí para pasar un buen rato y esto es lo que nos encontramos, Zipporah!?» Keturah se burló mientras Meli y yo nos reímos.

«No, Keturah, ¡esto es raro! ¡Juro que normalmente esto se pone bien los jueves por la noche !» Zipporah insistió.

Seguro que sí, respondió Keturah sarcásticamente.

Todos seguimos riendo.

Terminamos la noche en casa de Zipporah hablando y riendo. Disfrutamos de la compañía del otro y terminamos la noche en paz y con positividad. Recordar estos momentos compartidos con Keturah, Meli Rosa y D'iona estimuló mi deseo de explorar más España. Pronto me di cuenta que cada persona que visite España no sentirá la misma vibración tranquila. Salieron de España al final del verano y no miraron hacia atrás. Estoy contenta de ver que mi hermana ha recuperado a su hija y ha encontrado el amor. Pero…lo que nunca podré olvidar es cuando recibí una mañana un SMS desde Florida en el que mi hermana Keturah me decía que ya habían llegado a casa en Estados Unidos. Fue sobrecogedor leerlo y esto se convirtió en una píldora difícil de tragar mientras observaba mentalmente a mi hermana y mi queridísima sobrina alejarse rápidamente de todos nosotros, mental, espiritual y físicamente.

Los tiempos con mi familia son muy importantes para mí mientras me esfuerzo por crear un lugar donde podamos unirnos en paz.

Muchos de nuestros amigos y familiares han venido a visitarnos, emocionados al decir que por fin tomaron unas vacaciones en España. Zipporah y yo tuvimos la visita de una prima, Donesha, por su trigésimo primer cumpleaños. Estaba alcanzando una etapa crucial en su vida y quería explorar el cambio. Tanto mi hermana como yo estábamos emocionadas de compartir nuestras vidas y rutinas con Donesha, mostrándole nuestras vidas en España. El día que llegó fuimos todos a una "reunión" en el campo del padre de Rocío. Antes de salir para la reunión nocturna con las chicas, Zipporah y yo nos aseguramos de que Donesha se instalara en su habitación. Ella colocó sus cosas en la casa, se refrescó y luego nos fuimos. Todos, como siempre, lo pasamos muy bien. Rocío y Tere nos presentaron a otras dos mujeres presentes en la reunión. Ambas mujeres eran encantadoras y nos hicieron sentir bienvenidas. La primera mujer que conocimos fue Laura. Ella es una mujer dulce, divertida y guapa. También es una soltera divorciada y madre de dos hermosas hijas. Su hija mayor, Laura, es una joven adolescente y muy madura. Su hija menor, Lucía, era dulce, tímida y tranquila. Su espíritu era amable y su personalidad también, como pude comprobar mientras jugaba con Abi y Aaron. Ambas se lo pasaban muy bien jugando con mis hijos y los cuidaban mientras las madres charlábamos. La otra mujer que conocimos fue Mari Carmen, una mujer igualmente hermosa, vibrante y acogedora. Era de un pequeño pueblo cercano llamado El Coronil, un pueblo a menos de ocho kilómetros de donde trabajaba mi marido. Todos nos reímos, cantamos karaoke, bailamos, bebimos y comimos buena comida. Fue agradable pasar tiempo con gente positiva. Mari Carmen tuvo que irse temprano, y Amos vino a buscar a los niños cuando se cansaron. Esto me daba un poco de "tiempo para adultos", que siempre agradecía recibir.

La interculturalidad se produjo al intercambiar técnicas de música y danza. A Zipporah y a mí nos encantaba ver bailar flamenco tradicional andaluz, y vimos a Rocío mostrar sus movimientos. En estos momentos todos parecíamos sentir la misma energía y sensación de libertad. Era como si fuéramos todas niñas jugando, cantando y bailando toda la noche hasta que llegó la luna. Todos nos sentimos lo suficientemente cómodos entre nosotros como para bajar la guardia y mostrar nuestro lado más rebelde y libre. La madre de Rocío hizo un hermoso despliegue de comidas únicas, honrándonos como invitados extranjeros en su casa. Sacó un hermoso plato tradicional para Zipporah, nuestra prima Donesha y para mí. Consistía en media berenjena rellena de pollo triturado, cebolla, ajo, pimientos y algunos otros ingredientes que desconocía. Estaba delicioso y las tres lo disfrutamos. Mientras la luna seguía iluminando la noche, Rocío puso música tradicional flamenca mientras bailaba bajo las estrellas. Todos la observábamos, aplaudíamos y alentábamos la forma de expresar su Arte. Tere terminó la noche compartiendo su hermosa visión de las relaciones. Dijo que todas las partes deben hacer un esfuerzo para mantener nuestras conexiones. Todos estuvimos de acuerdo. Fueron días como éste los que me hicieron sentir que Utrera podía ser mi hogar y el de mi familia. Sin embargo, también hubo más situaciones que me convencieron de lo contrario. Siempre apreciaré estos momentos y me aferraré a las amistades con verdadero amor y unidad.

    Al final de la noche Donesha expresó cómo se dio cuenta de la diferencia en el carácter de las personas aquí en España, en comparación con las de América. Sus observaciones eran ciertas, pero esa verdad estaba dirigida a las personas que Zipporah y yo atraíamos. Estas mujeres y sus familias no eran representativas de todas las personas de Utrera. Sin embargo, Donesha amaba la libertad en la vida de la gente. También adoraba su orientación familiar. Ella también admiraba la aceptación de nuestros amigos de personas de diferentes países y culturas. A pesar de la barrera lingüística, estas mujeres hicieron todo lo posible para comunicar con orgullo su hospitalidad.

A la mañana siguiente, la familia se tomó tiempo para relajarse y ponerse al día. Entre Donesha y yo surgieron conversaciones profundas, espirituales e intelectuales muy necesarias. Durante la noche, Amari, Donesha y yo dimos un paseo hasta la plaza para tomar un helado y terminamos el día con una cena familiar en casa. Cada día me aseguré de que Donesha recibiera toda la experiencia de vivir en España. Fuimos andando al mercadillo de los miércoles, visitamos la ciudad de Sevilla, hicimos una cata de vinos, cenamos en un buen restaurante, vimos bailar flamenco en vivo y mucho más. El tiempo que pasó mi prima aquí fue bien aprovechado, y estaba agradecida por cada momento. Estaba orgullosa de Donesha hubiera podido salir de su zona de confort consiguiendo su objetivo de viajar por el mundo. España era sólo el principio para nuestra prima y estábamos deseando volver a verla.

Un aspecto de mi vida que siempre he disfrutado es la voluntad de las personas de compartir sus historias conmigo. Me encanta aún más ahora que estamos viviendo en España. Mucha gente se sentía feliz de sentarse y compartir su cultura y su vida conmigo. Y siento que hay un respeto mutuo porque ven que mi familia y yo nos preocupamos. Queremos aprender y experimentar su cultura en su totalidad. Supongo que mi mente inquisitiva y mi vívida imaginación se sienten como si estuviera aprendiendo la cultura del sur de España en su conjunto. Pero también tengo el privilegio adicional de echar un vistazo a la vida personal de muchos españoles de todas partes. A muchos de los cuales solo los conocí cuando me los presentaron y nunca volví a ver. Aún así, sentí que cada individuo tenía su propia vida separada y experiencias asombrosas separadas. Y cada persona encantadora que fue lo suficientemente abierta como para compartir parte de su vida personal conmigo se representó en mi cabeza como una telenovela dramática en la televisión.

Me doy cuenta de que nos queda mucho más de España por explorar, especialmente las regiones del norte con su propio conjunto de costumbres y tradiciones. Todos nuestros esfuerzos de viaje e interacciones con españoles de todo este país han formado mis opiniones y conclusiones. Por lo tanto, puedo sentir mis raíces de reina asentarse en los terrenos de este hermoso país de España. Pero en Andalucía, como dije antes, a mi familia y a mí nos gustaría quedarnos por el sur, donde el clima es más cálido y también lo son las playas.

Mi familia y yo disfrutamos igualmente de nuestras visitas a las ciudades más grandes y urbanas como Madrid, Barcelona y Málaga. Disfrutamos de la evidente diversidad que poseía cada ciudad. Me doy cuenta de que ningún país es perfecto y tampoco lo es la vida. Pero la paz y la alegría se pueden encontrar en medio de todo. Esta fue una lección fundamental que aprendí en estos últimos años y nuestro tiempo aquí en España lo ha demostrado. En general, nuestra experiencia aquí en España ha sido nada más y nada menos que un gran y hermoso sueño. España es radiante de muchas formas. Aunque la mayor parte de nuestras experiencias han sido en la región de Andalucía, no hubiera deseado ninguna otra región. Me siento cómoda al confesar que creo que Dios nos posicionó estratégicamente a mi familia y a mí en una de las zonas más ricas culturalmente de España. Aunque algunos esfuerzos aquí han sido agradables, otros no tanto. Sin embargo, hemos aprendido a tomar lo bueno y lo malo, ya que la gran mayoría de nuestras interacciones y experiencias en España han sido increíbles. Creo que muchas personas en Andalucía y España nos han abrazado abiertamente a mi familia y a mí. A veces, podía oír sus corazones susurrando en voz baja: "Usted y su familia son huéspedes de honor en nuestro país. Los respetaremos, enseñaremos, ayudaremos y amaremos siempre que hagan lo mismo con nosotros y nuestra cultura". Mi familia y yo hemos aceptado abiertamente el desafío. Además, admito que España es el lugar donde me asenté en mi completa curación, y por ello siempre estaré agradecida. Porque con esa gratitud, todos podemos encontrar un hogar aquí.

Capítulo 7:

España a través de los ojos de mi cámara

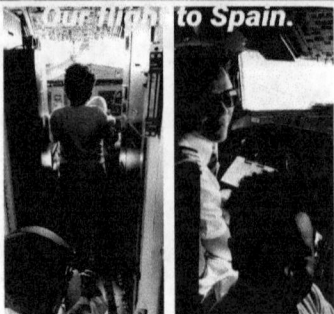

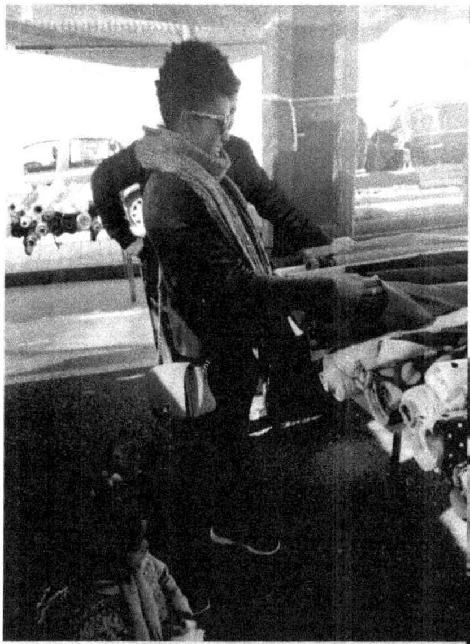

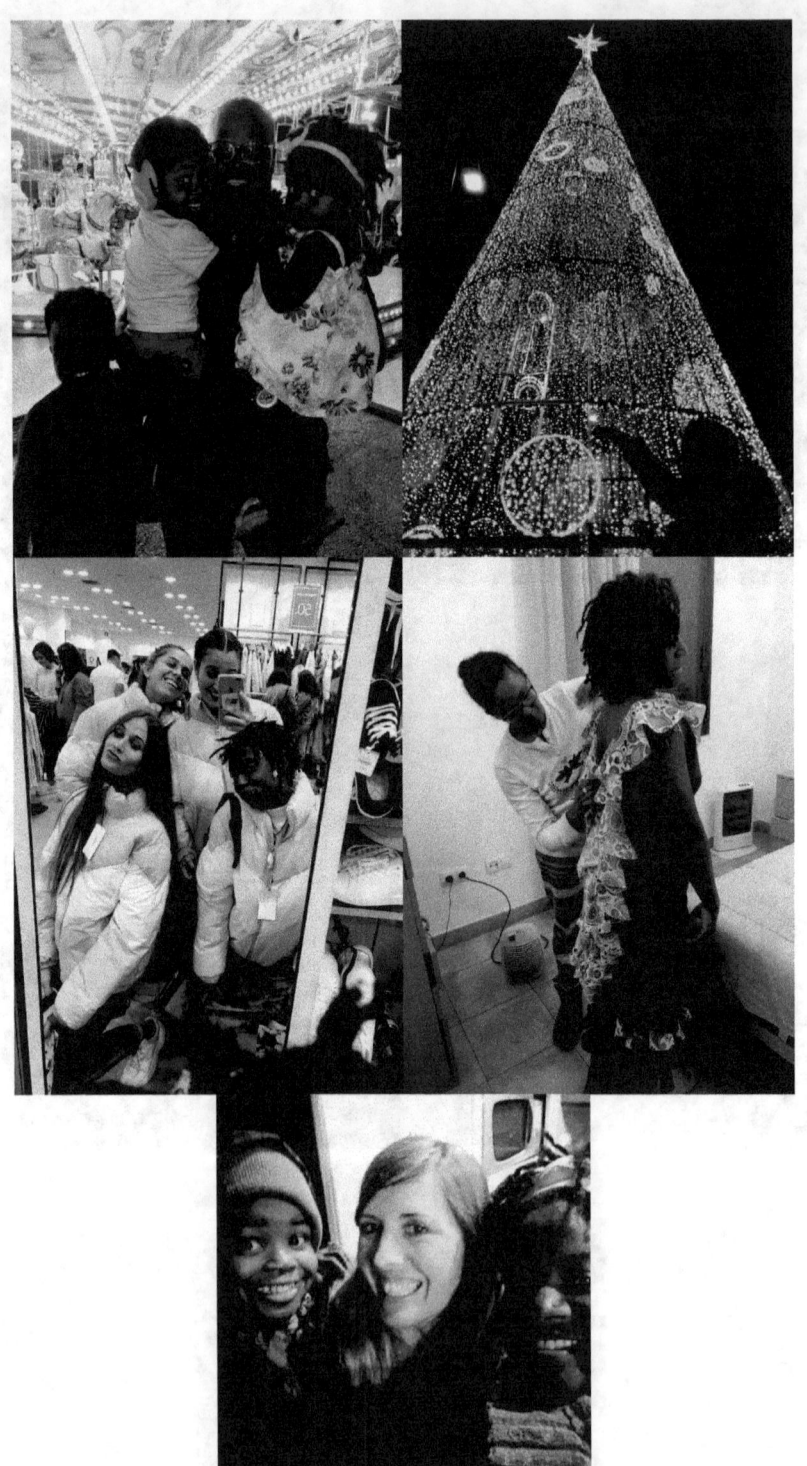

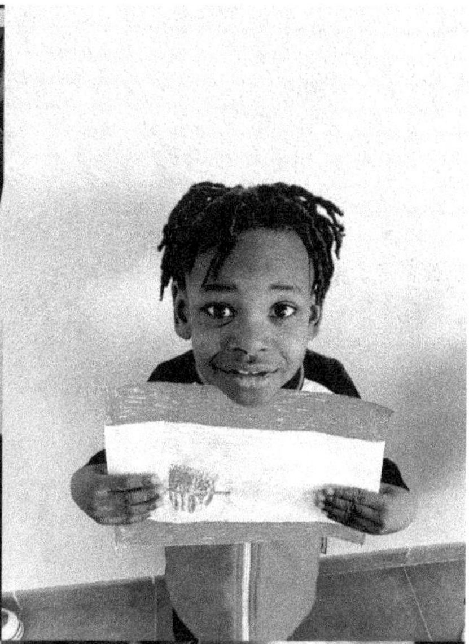

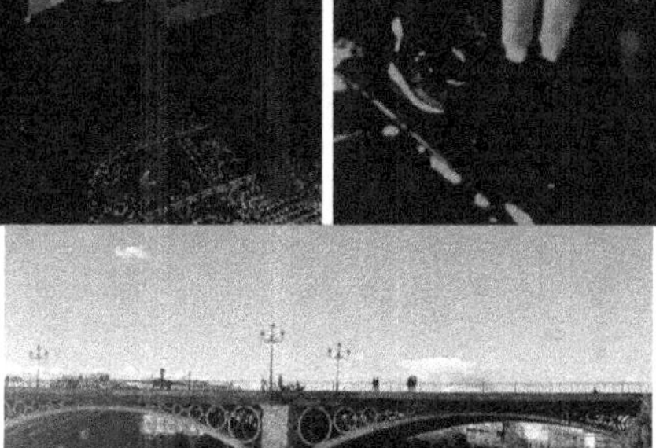

photographed by Julián Novalbos Ruiz

Página de contacto

Para saber más sobre Joy Glenn, visita sus siguientes enlaces:

https://www.authorjoyeglenn.com/

YouTube Channel
https://www.youtube.com/channel/UCOIdc2v4S50LQR4dDrBqAwQ

Facebook:
https://www.facebook.com/authorjoye.glenn

Pinterest:
https://www.pinterest.com/

Twitter:
https://twitter.com/JoyEGlenn3